Réflexions
sur la guillotine

Dossier et notes réalisés par
Marc-Henri Arfeux

Lecture d'image par
Christian Hubert-Rodier

P̶h̶i̶l̶o̶s̶o̶p̶h̶i̶e̶ ̶(̶n̶°̶ ̶3̶8̶6̶)̶.

Marc-Henri Arfeux est agrégé et enseignant de philosophie à Lyon. Pour « La bibliothèque Gallimard », il a réuni et présenté les textes de l'anthologie *New York* (n° 177). Dans la même collection, il a rédigé le dossier du *Premier Homme* d'Albert Camus (n° 160).

Christian Hubert-Rodier est ancien élève de l'ENS-Ulm et agrégé de philosophie. Il a vécu six ans à Venise et se partage actuellement entre l'enseignement de la philosophie à Saint-Cyr-l'École, la peinture et des recherches sur les problèmes de la couleur.

© *Éditions Gallimard, 2002 pour le texte, 2008 pour la lecture d'image et le dossier.*

Sommaire

Sommaire

Réflexions sur la guillotine

Peu avant la guerre de 1914, un assassin dont le crime était particulièrement révoltant (il avait massacré une famille de fermiers avec leurs enfants) fut condamné à mort en Alger. Il s'agissait d'un ouvrier agricole qui avait tué dans une sorte de délire du sang, mais avait aggravé son cas en volant ses victimes. L'affaire eut un grand retentissement. On estima généralement que la décapitation était une peine trop douce pour un pareil monstre. Telle fut, m'a-t-on dit, l'opinion de mon père que le meurtre des enfants, en particulier, avait indigné. L'une des rares choses que je sache de lui, en tout cas, est qu'il voulut assister à l'exécution, pour la première fois de sa vie. Il se leva dans la nuit pour se rendre sur les lieux du supplice, à l'autre bout de la ville, au milieu d'un grand concours de peuple. Ce qu'il vit, ce matin-là, il n'en dit rien à personne. Ma mère raconte seulement qu'il rentra en coup de vent, le visage bouleversé, refusa de parler, s'étendit un moment sur le lit et se mit tout d'un coup à vomir. Il venait de découvrir la réalité qui se cachait sous les grandes formules dont on la masquait. Au lieu de penser aux enfants massacrés, il ne pouvait plus penser qu'à ce corps pantelant qu'on venait de jeter sur une planche pour lui couper le cou [1].

---

1. Cet épisode est également rapporté par l'auteur dans son roman

Il faut croire que cet acte rituel est bien horrible pour arriver à vaincre l'indignation d'un homme simple et droit et pour qu'un châtiment qu'il estimait cent fois mérité n'ait eu finalement d'autre effet que de lui retourner le cœur. Quand la suprême justice donne seulement à vomir à l'honnête homme qu'elle est censée protéger, il paraît difficile de soutenir qu'elle est destinée, comme ce devrait être sa fonction, à apporter plus de paix et d'ordre dans la cité. Il éclate au contraire qu'elle n'est pas moins révoltante que le crime, et que ce nouveau meurtre, loin de réparer l'offense faite au corps social, ajoute une nouvelle souillure à la première. Cela est si vrai que personne n'ose parler directement de cette cérémonie. Les fonctionnaires et les journalistes qui ont la charge d'en parler, comme s'ils avaient conscience de ce qu'elle manifeste en même temps de provocant et de honteux, ont constitué à son propos une sorte de langage rituel, réduit à des formules stéréotypées. Nous lisons ainsi, à l'heure du petit déjeuner, dans un coin du journal, que le condamné « a payé sa dette à la société », ou qu'il a « expié », ou que « à cinq heures, justice était faite ». Les fonctionnaires traitent du condamné comme de « l'intéressé » ou du « patient », ou le désignent par un sigle : le CAM. De la peine capitale, on n'écrit, si j'ose dire, qu'à voix basse. Dans notre société très policée, nous reconnaissons qu'une maladie est grave à ce que nous n'osons pas en parler directement. Longtemps, dans les familles bourgeoises, on s'est borné à dire que la fille aînée était faible de la poitrine ou que le père souffrait d'une « grosseur » parce qu'on considérait la tuberculose et le cancer comme des maladies un peu honteuses. Cela est plus vrai sans doute de la peine de mort, puisque tout le monde s'évertue à n'en parler que par euphémisme. Elle est au corps politique ce que le can-

---

inachevé, *Le Premier Homme*, publié à titre posthume par les Éditions Gallimard, en 1994.

cer est au corps individuel, à cette différence près que personne n'a jamais parlé de la nécessité du cancer. On n'hésite pas au contraire à présenter communément la peine de mort comme une regrettable nécessité, qui légitime donc que l'on tue, puisque cela est nécessaire, et qu'on n'en parle point, puisque cela est regrettable.

Mon intention est au contraire d'en parler crûment. Non par goût du scandale, ni je crois, par une pente malsaine de nature. En tant qu'écrivain, j'ai toujours eu horreur de certaines complaisances ; en tant qu'homme, je crois que les aspects repoussants de notre condition, s'ils sont inévitables, doivent être seulement affrontés en silence. Mais lorsque le silence, ou les ruses du langage, contribuent à maintenir un abus qui doit être réformé ou un malheur qui peut être soulagé, il n'y a pas d'autre solution que de parler clair et de montrer l'obscénité qui se cache sous le manteau des mots. La France partage avec l'Espagne et l'Angleterre le bel honneur d'être un des derniers pays, de ce côté du rideau de fer[1], à garder la peine de mort dans son arsenal de répression. La survivance de ce rite primitif n'a été rendue possible chez nous que par l'insouciance ou l'ignorance de l'opinion publique qui réagit seulement par les phrases cérémonieuses qu'on lui a inculquées. Quand l'imagination dort, les mots se vident de leur sens : un peuple sourd enregistre distraitement la condamnation d'un homme. Mais qu'on montre la machine, qu'on fasse toucher le bois et le fer, entendre le bruit de la tête qui tombe, et l'imagination publique, soudain réveillée, répudiera en même temps le vocabulaire et le supplice.

Lorsque les nazis procédaient en Pologne à des exécu-

---

1. À l'époque de la guerre froide, le terme « rideau de fer » désigne la frontière entre les États d'Europe de l'Est, satellites et alliés de l'Union soviétique, et les pays démocratiques formant le bloc de l'Ouest sur le continent européen.

tions publiques d'otages, pour éviter que ces otages ne crient des paroles de révolte et de liberté, ils les bâillonnaient avec un pansement enduit de plâtre. On ne saurait sans impudeur comparer le sort de ces innocentes victimes à ceux des criminels condamnés. Mais, outre que les criminels ne sont pas les seuls à être guillotinés chez nous, la méthode est la même. Nous étouffons sous des paroles feutrées un supplice dont on ne saurait affirmer la légitimité avant de l'avoir examiné dans sa réalité. Loin de dire que la peine de mort est d'abord nécessaire et qu'il convient ensuite de n'en pas parler, il faut parler au contraire de ce qu'elle est réellement et dire alors si, telle qu'elle est, elle doit être considérée comme nécessaire.

Je la crois, quant à moi, non seulement inutile, mais profondément nuisible et je dois consigner ici cette conviction, avant d'en venir au sujet lui-même. Il ne serait pas honnête de laisser croire que je suis arrivé à cette conclusion après les semaines d'enquêtes et de recherches que je viens de consacrer à cette question. Mais il serait aussi malhonnête de n'attribuer ma conviction qu'à la seule sensiblerie. Je suis aussi éloigné que possible, au contraire, de ce mol attendrissement où se complaisent les humanitaires et dans lequel les valeurs et les responsabilités se confondent, les crimes s'égalisent, l'innocence perd finalement ses droits. Je ne crois pas, contrairement à beaucoup d'illustres contemporains, que l'homme soit, par nature, un animal de société. À vrai dire, je pense le contraire. Mais je crois, ce qui est très différent, qu'il ne peut vivre désormais en dehors de la société dont les lois sont nécessaires à sa survie physique. Il faut donc que les responsabilités soient établies selon une échelle raisonnable et efficace par la société elle-même. Mais la loi trouve sa dernière justification dans le bien qu'elle fait ou ne fait pas à la société d'un lieu et d'un temps donnés. Pendant des années, je n'ai pu voir dans la peine de mort qu'un supplice insupportable à l'imagination et un

désordre paresseux que ma raison condamnait. J'étais prêt
cependant à penser que l'imagination influençait mon jugement. Mais, en vérité, je n'ai rien trouvé pendant ces
semaines, qui n'ait renforcé ma conviction ou qui ait modi-
fié mes raisonnements. Au contraire, aux arguments qui
étaient déjà les miens, d'autres sont venus s'ajouter. Aujour-
d'hui, je partage absolument la conviction de Koestler[1] : la
peine de mort souille notre société et ses partisans ne peuvent la justifier en raison. Sans reprendre sa décisive plaidoirie, sans accumuler des faits et des chiffres qui feraient
double emploi, et que la précision de Jean Bloch-Michel[2]
rend inutiles, je développerai seulement les raisonnements
qui prolongent ceux de Koestler et qui, en même temps
qu'eux, militent pour une abolition immédiate de la peine
capitale.

On sait que le grand argument des partisans de la peine
de mort est l'exemplarité du châtiment. On ne coupe pas
seulement les têtes pour punir leurs porteurs, mais pour
intimider, par un exemple effrayant, ceux qui seraient ten-
tés de les imiter. La société ne se venge pas, elle veut seulement prévenir. Elle brandit la tête pour que les candidats
au meurtre y lisent leur avenir et reculent.

Cet argument serait impressionnant si l'on n'était obligé
de constater :

---

1. Arthur Koestler (1905-1983) : romancier, journaliste et essayiste.
Après avoir adhéré au communisme, il s'en détache et fait part de sa
désillusion dans *Le Zéro et l'Infini* (1940). Dès lors, il devient un adver-
saire de l'Union soviétique. Il collabore avec Albert Camus et Jean
Bloch-Michel aux *Réflexions sur la peine capitale* par un essai intitulé :
« Réflexions sur la pendaison ».
2. Ancien journaliste de *Combat*, journal de résistance dirigé par
Albert Camus à partir de 1943. Il participe avec celui-ci et Arthur
Koestler aux *Réflexions sur la peine capitale* par un essai intitulé : « La
Peine de mort en France ».

1. Que la société ne croit pas elle-même à l'exemplarité dont elle parle ;

2. Qu'il n'est pas prouvé que la peine de mort ait fait reculer un seul meurtrier, décidé à l'être, alors qu'il est évident qu'elle n'a eu aucun effet, sinon de fascination, sur des milliers de criminels ;

3. Qu'elle constitue, à d'autres égards, un exemple repoussant dont les conséquences sont imprévisibles.

La société, d'abord, ne croit pas ce qu'elle dit. Si elle le croyait vraiment, elle montrerait les têtes. Elle ferait bénéficier les exécutions du lancement publicitaire qu'elle réserve d'ordinaire aux emprunts nationaux ou aux nouvelles marques d'apéritifs. On sait, au contraire, que les exécutions, chez nous, n'ont plus lieu en public et se perpètrent dans la cour des prisons devant un nombre restreint de spécialistes. On sait moins pourquoi et depuis quand. Il s'agit d'une mesure relativement récente. La dernière exécution publique fut, en 1939, celle de Weidmann[1], auteur de plusieurs meurtres, que ses exploits avaient mis à la mode. Ce matin-là, une grande foule se pressait à Versailles et, parmi elle, un grand nombre de photographes. Entre le moment où Weidmann fut exposé à la foule et celui où il fut décapité, des photographies purent être prises. Quelques heures plus tard, *Paris-Soir* publiait une page d'illustrations sur cet appétissant événement. Le bon peuple parisien put ainsi se rendre compte que la légère machine de précision dont l'exécuteur se servait était aussi différente de l'échafaud historique qu'une Jaguar peut l'être de nos vieilles de

---

1. Eugène Weidmann (1908-1939). Criminel né en Allemagne, Weidmann fonde une bande de kidnappeurs à Paris, en 1937, et assassine froidement ses victimes. Il est décapité en public à Versailles, le 17 juin 1939. Outre les débordements des journalistes, certains spectateurs auraient trempé leur mouchoir dans le sang du condamné. Le romancier Michel Tournier fait allusion à cette scène dans *Le Roi des Aulnes* (1970).

Dion-Bouton [1]. L'administration et le gouvernement, contrairement à toute espérance, prirent très mal cette excellente publicité et crièrent que la presse avait voulu flatter les instincts sadiques de ses lecteurs. On décida donc que les exécutions n'auraient plus lieu en public, disposition qui, peu après, rendit plus facile le travail des autorités d'occupation.

La logique, en cette affaire, n'était pas avec le législateur. Il fallait au contraire décerner une décoration supplémentaire au directeur de *Paris-Soir* en l'encourageant à mieux faire la prochaine fois. Si l'on veut que la peine soit exemplaire, en effet, on doit, non seulement multiplier les photographies, mais encore planter la machine sur un échafaud, place de la Concorde, à deux heures de l'après-midi, inviter le peuple entier et téléviser la cérémonie pour les absents. Il faut faire cela ou cesser de parler d'exemplarité. Comment l'assassinat furtif qu'on commet la nuit dans une cour de prison peut-il être exemplaire ? Tout au plus sert-il à informer périodiquement les citoyens qu'ils mourront s'il leur arrive de tuer ; avenir qu'on peut promettre aussi à ceux qui ne tuent pas. Pour que la peine soit vraiment exemplaire, il faut qu'elle soit effrayante. Tuaut de La Bouverie, représentant du peuple en 1791, et partisan des exécutions publiques, était plus logique lorsqu'il déclarait à l'Assemblée nationale : « Il faut un spectacle terrible pour contenir le peuple. »

Aujourd'hui, point de spectacle, une pénalité connue de tous par ouï-dire, et, de loin en loin, la nouvelle d'une exécution, maquillée sous des formules adoucissantes. Comment un criminel futur aurait-il à l'esprit, au moment du crime, une sanction qu'on s'ingénie à rendre de plus en plus abstraite ! Et si l'on désire vraiment qu'il garde toujours

---

1. Une des premières grandes marques de l'histoire automobile française.

cette sanction en mémoire, afin qu'elle équilibre d'abord et renverse ensuite une décision forcenée, ne devrait-on pas chercher à graver profondément cette sanction, et sa terrible réalité, dans toutes les sensibilités, par tous les moyens de l'image et du langage ?

Au lieu d'évoquer vaguement une dette que quelqu'un, le matin même, a payée à la société, ne serait-il pas d'un plus efficace exemple de profiter d'une si belle occasion pour rappeler à chaque contribuable le détail de ce qui l'attend ? Au lieu de dire : « Si vous tuez, vous expierez sur l'échafaud », ne vaudrait-il pas mieux lui dire, aux fins d'exemple : « Si vous tuez, vous serez jeté en prison pendant des mois ou des années, partagé entre un désespoir impossible et une terreur renouvelée, jusqu'à ce qu'un matin, nous nous glissions dans votre cellule, ayant quitté nos chaussures pour mieux vous surprendre dans le sommeil qui vous écrasera, après l'angoisse de la nuit. Nous nous jetterons sur vous, lierons vos poignets dans votre dos, couperons aux ciseaux le col de votre chemise et vos cheveux s'il y a lieu. Dans un souci de perfectionnement, nous ligoterons vos bras au moyen d'une courroie, afin que vous soyez contraint de vous tenir voûté et d'offrir ainsi une nuque bien dégagée. Nous vous porterons ensuite, un aide vous soutenant à chaque bras, vos pieds traînant en arrière à travers les couloirs. Puis, sous un ciel de nuit, l'un des exécuteurs vous empoignera enfin par le fond du pantalon et vous jettera horizontalement sur une planche, pendant qu'un autre assurera votre tête dans une lunette et qu'un troisième fera tomber, d'une hauteur de deux mètres vingt, un couperet de soixante kilos qui tranchera votre cou comme un rasoir. »

Pour que l'exemple soit encore meilleur, pour que la terreur qu'il entraîne devienne en chacun de nous une force assez aveugle et assez puissante pour compenser au bon moment l'irrésistible désir du meurtre, il faudrait encore aller plus loin. Au lieu de nous vanter, avec la prétentieuse inconscience qui nous est propre, d'avoir inventé ce moyen rapide et humain* de tuer les condamnés, il faudrait publier à des milliers d'exemplaires, et faire lire dans les écoles et les facultés, les témoignages et les rapports médicaux qui décrivent l'état du corps après l'exécution. On recommandera tout particulièrement l'impression et la diffusion d'une récente communication à l'Académie de médecine faite par les docteurs Piedelièvre et Fournier. Ces médecins courageux, appelés, dans l'intérêt de la science, à examiner les corps des suppliciés après l'exécution, ont estimé de leur devoir de résumer leurs terribles observations :

> Si nous pouvons nous permettre de donner notre avis à ce sujet, de tels spectacles sont affreusement pénibles. Le sang sort des vaisseaux au rythme des carotides sectionnées, puis il se coagule. Les muscles se contractent et leur fibrillation est stupéfiante ; l'intestin ondule et le cœur a des mouvements irréguliers, incomplets, fascinants. La bouche se crispe à certains moments dans une moue terrible. Il est vrai que, sur cette tête décapitée, les yeux sont immobiles avec des pupilles dilatées ; ils ne regardent pas heureusement, et s'ils n'ont aucun trouble, aucune opalescence cadavérique, ils n'ont plus de mouvements ; leur transparence est vivante, mais leur fixité est mortelle. Tout cela peut durer des minutes, des heures même, chez des sujets sans tares : la mort n'est pas immédiate… Ainsi chaque élément vital survit à la décapitation. Il ne reste, pour le médecin, que cette impression d'une horrible expérience, d'une vivisection meurtrière, suivies d'un enterrement prématuré**.

---

* Le condamné, selon l'optimiste docteur Guillotin, ne devait rien sentir. Tout au plus une « légère fraîcheur dans le cou ». (*Les notes appelées par astérisque sont d'Albert Camus.*)

** *Justice sans bourreau*, n° 2, juin 1956.

Je doute qu'il se trouve beaucoup de lecteurs pour lire sans blêmir cet épouvantable rapport. On peut donc compter sur son pouvoir exemplaire et sa capacité d'intimidation. Rien n'empêche d'y ajouter les rapports de témoins qui authentifient encore les observations des médecins. La face suppliciée de Charlotte Corday[1] avait rougi, dit-on, sous le soufflet du bourreau. On ne s'en étonnera pas en écoutant des observateurs plus récents. Un aide-exécuteur, donc peu suspect de cultiver la romance et la sensiblerie, décrit ainsi ce qu'il a été obligé de voir : « C'est un forcené en proie à une véritable crise de *delirium tremens*[2] que nous avons jeté sous le couperet. La tête meurt aussitôt. Mais le corps saute littéralement dans le panier, tire sur les cordes. Vingt minutes après, au cimetière, il y a encore des frémissements*. » L'aumônier actuel de la Santé[3], le R.P. Devoyod, qui ne semble pas opposé à la peine de mort, fait dans son livre *Les Délinquants*** un récit qui va loin, et qui renouvelle l'histoire du condamné Languille dont la tête décapitée répondait à l'appel de son nom*** :

> Le matin de l'exécution, le condamné était de très méchante humeur et il refusa les secours de la religion. Connaissant le fond de son cœur et l'affection qu'il avait pour sa femme dont les sentiments étaient très chrétiens,

---

* Publié par Roger Grenier, *Les Monstres*, Gallimard. Ces déclarations sont authentiques.
** Éditions Matot-Braine, Reims.
*** En 1905, dans le Loiret.
1. Charlotte Corday (1768-1793). Fille d'un gentilhomme normand et descendante de Pierre Corneille, Charlotte Corday adhère aux thèses des Girondins. Elle venge la persécution de ces derniers en poignardant le conventionnel Marat dans sa baignoire.
2. Délire accompagné de soubresauts et d'agitation généralisée du corps. Il apparaît généralement chez les sujets atteints d'alcoolisme grave.
3. Célèbre prison parisienne construite en 1867 dans le XIVe arrondissement.

nous lui dîmes : « Allons, par amour pour votre femme, recueillez-vous un instant avant de mourir », et le condamné accepta. Il se recueillit longuement devant le crucifix, puis il sembla ne plus prêter attention à notre présence. Lorsqu'il fut exécuté, nous étions à peu de distance de lui ; sa tête tomba dans l'auge placée devant la guillotine et le corps fut aussitôt mis dans le panier ; mais contrairement à l'usage, le panier fut refermé avant que la tête y fût placée. L'aide qui portait la tête dut attendre un instant que le panier soit ouvert de nouveau ; or, pendant ce court espace de temps, nous eûmes la possibilité de voir les deux yeux du condamné fixés sur moi dans un regard de supplication, comme pour demander pardon. Instinctivement, nous traçâmes un signe de croix pour bénir la tête, alors, ensuite, les paupières clignèrent, l'expression des yeux devint douce, puis le regard, resté expressif, se perdit…

Le lecteur recevra, selon sa foi, l'explication proposée par le prêtre. Du moins, ces yeux « restés expressifs », n'ont besoin d'aucune interprétation.

Je pourrais apporter d'autres témoignages aussi hallucinants. Mais je ne saurais, quant à moi, aller plus loin. Après tout, je ne professe pas que la peine de mort soit exemplaire et ce supplice m'apparaît pour ce qu'il est, une chirurgie grossière pratiquée dans des conditions qui lui enlèvent tout caractère édifiant. La société, au contraire, et l'État, qui en a vu d'autres, peuvent très bien supporter ces détails et, puisqu'ils prêchent l'exemple, devraient essayer de les faire supporter à tous, afin que nul n'en ignore, et que la population à jamais terrorisée devienne franciscaine dans son entier. Qui espère-t-on intimider, autrement, par cet exemple sans cesse dérobé, par la menace d'un châtiment présenté comme doux et expéditif, et plus supportable en somme qu'un cancer, par ce supplice couronné des fleurs de la rhétorique ? Certainement pas ceux qui passent pour honnêtes (et certains le sont) puisqu'ils dorment à cette heure-là, que le grand exemple ne leur a pas été annoncé, qu'ils mangeront leurs tartines à l'heure de l'enterrement prématuré, et qu'ils seront informés de l'œuvre de justice, si seulement ils lisent les journaux, par un communiqué doucereux qui fondra comme sucre dans leur mémoire. Pourtant ces paisibles créatures sont celles qui fournissent le plus gros pourcentage des homicides. Beaucoup de ces honnêtes gens sont des criminels qui s'ignorent. Selon un magistrat, l'immense majorité des meurtriers qu'il avait connus ne savaient pas, en se rasant le matin, qu'ils allaient tuer le soir. Pour l'exemple et la sécurité, il conviendrait donc, au lieu de la maquiller, de brandir la face nue du supplicié devant tous ceux qui se rasent le matin.

Il n'en est rien. L'État camoufle les exécutions et fait silence sur ces textes et sur ces témoignages. Il ne croit donc pas à la valeur exemplaire de la peine, sinon par tradition et sans se donner la peine de réfléchir. On tue le criminel parce qu'on l'a fait pendant des siècles et, d'ailleurs, on le tue dans les formes qui ont été fixées à la fin du XVIIIe siècle. Par routine, on reprendra donc les arguments qui avaient cours il y a des siècles, quitte à les contredire par des mesures que l'évolution de la sensibilité publique rend inévitables. On applique une loi sans plus la raisonner et nos condamnés meurent par cœur, au nom d'une théorie à laquelle les exécuteurs ne croient pas. S'ils y croyaient, cela se saurait et surtout se verrait. Mais la publicité, outre qu'elle réveille, en effet, des instincts sadiques dont la répercussion est incalculable et qui finissent un jour par se satisfaire dans un nouveau meurtre, risque aussi de provoquer révolte et dégoût dans l'opinion publique. Il deviendrait plus difficile d'exécuter à la chaîne, comme on le voit aujourd'hui chez nous, si ces exécutions se traduisaient en images vivaces dans l'imagination populaire. Tel qui savoure son café en lisant que justice a été faite le recracherait au moindre détail. Et les textes que j'ai cités risqueraient de donner bonne mine à certains professeurs de droit criminel qui, dans l'incapacité évidente de justifier cette peine anachronique, se consolent en déclarant, avec le sociologue Tarde, qu'il vaut mieux faire mourir sans faire souffrir que faire souffrir sans faire mourir. C'est pourquoi il faut approuver la position de Gambetta [1] qui, adversaire de la peine de mort, vota contre un projet de loi portant suppression de la publicité des exécutions, en déclarant:

> Si vous supprimez l'horreur du spectacle, si vous exécutez dans l'intérieur des prisons, vous étoufferez le sursaut public de révolte qui s'est manifesté ces dernières années et vous allez consolider la peine de mort.

En effet, il faut tuer publiquement ou avouer qu'on ne se sent pas autorisé à tuer. Si la société justifie la peine de mort par la nécessité de l'exemple, elle doit se justifier elle-même en rendant la publicité nécessaire. Elle doit montrer les mains du bourreau, chaque fois, et obliger à les regarder les citoyens trop délicats en même temps que tous ceux qui, de près ou de loin, ont suscité ce bourreau. Autrement, elle avoue qu'elle tue sans savoir ce qu'elle dit ni ce qu'elle fait, ou en sachant que, loin d'intimider l'opinion, ces cérémonies écœurantes ne peuvent qu'y réveiller le crime ou la jeter dans le désarroi. Qui le ferait mieux sentir qu'un magistrat, parvenu à la fin de sa carrière, M. le conseiller Falco, dont la courageuse confession mérite d'être méditée:

> ... La seule fois de ma carrière où j'ai conclu contre une commutation de peine et pour l'exécution de l'in-

---

1. Léon Gambetta (1838-1882), homme politique français. Républicain de gauche, il milite en faveur de la liberté de la presse, de la séparation de l'Église et de l'État et de l'abolition de la peine capitale.

culpé, je croyais que, malgré ma position, j'assisterais en toute impassibilité à l'exécution. L'individu était d'ailleurs peu intéressant : il avait martyrisé sa fillette et l'avait finalement jetée dans un puits. Eh bien ! à la suite de son exécution, pendant des semaines et même des mois, mes nuits ont été hantées par ce souvenir… J'ai comme tout le monde fait la guerre et vu mourir une jeunesse innocente, mais je puis dire que, devant ce spectacle affreux, je n'ai jamais éprouvé cette sorte de mauvaise conscience que j'éprouvais devant cette espèce d'assassinat administratif qu'on appelle la peine capitale*.

Mais, après tout, pourquoi la société croirait-elle à cet exemple puisqu'il n'arrête pas le crime et que ses effets, s'ils existent, sont invisibles ? La peine capitale ne saurait intimider d'abord celui qui ne sait pas qu'il va tuer, qui s'y décide en un moment et prépare son acte dans la fièvre ou l'idée fixe, ni celui qui, allant à un rendez-vous d'explication, emporte une arme pour effrayer l'infidèle ou l'adversaire et s'en sert, alors qu'il ne le voulait pas, ou ne croyait pas le vouloir. Elle ne saurait en un mot intimider l'homme jeté dans le crime comme on l'est dans le malheur. Autant dire alors qu'elle est impuissante dans la majorité des cas. Il est juste de reconnaître qu'elle est, chez nous, rarement appliquée dans ces cas-là. Mais ce « rarement » lui-même fait frémir.

Effraie-t-elle du moins cette race de criminels sur qui elle prétend agir et qui vivent du crime ? Rien n'est moins sûr. On peut lire dans Koestler qu'à l'époque où les voleurs à la tire étaient exécutés en Angleterre, d'autres voleurs exerçaient leurs talents dans la foule qui entourait l'échafaud où l'on pendait leur confrère. Une statistique, établie au début du siècle en Angleterre, montre que sur 250 pendus, 170

---

* Revue *Réalités*, n° 105, octobre 1954.

avaient, auparavant, assisté personnellement à une ou deux exécutions capitales. En 1886 encore, sur 167 condamnés à mort qui avaient défilé dans la prison de Bristol, 164 avaient assisté au moins à une exécution. De tels sondages ne peuvent plus être effectués en France, à cause du secret qui entoure les exécutions. Mais ils autorisent à penser qu'il devait y avoir autour de mon père, le jour de l'exécution, un assez grand nombre de futurs criminels qui, eux, n'ont pas vomi. Le pouvoir d'intimidation s'adresse seulement aux timides qui ne sont pas voués au crime et fléchit devant les irréductibles qu'il s'agissait justement de réduire. On trouvera dans ce volume, et dans les ouvrages spécialisés, les chiffres et les faits les plus convaincants à cet égard.

On ne peut nier pourtant que les hommes craignent la mort. La privation de la vie est certainement la peine suprême et devrait susciter en eux un effroi décisif. La peur de la mort, surgie du fond le plus obscur de l'être, le dévaste ; l'instinct de vie, quand il est menacé, s'affole et se débat dans les pires angoisses. Le législateur était donc fondé à penser sa loi pesait sur un des ressorts les plus mystérieux et les plus puissants de la nature humaine. Mais la loi est toujours plus simple que la nature. Lorsqu'elle s'aventure, pour essayer d'y régner, dans les régions aveugles de l'être, elle risque plus encore d'être impuissante à réduire la complexité qu'elle veut ordonner.

Si la peur de la mort, en effet, est une évidence, c'en est une autre que cette peur, si grande qu'elle soit, n'a jamais suffi à décourager les passions humaines. Bacon[1] a raison de dire qu'il n'est point de passion si faible qu'elle ne puisse affronter et maîtriser la peur de la mort. La vengeance,

---

1. Francis Bacon (1561-1626), philosophe anglais. Après avoir été avocat-conseil du roi, il devient l'un des pionniers de la pensée scientifique moderne. Il est notamment l'auteur du *Novum Organum*, ou *Éléments d'interprétation de la nature*.

l'amour, l'honneur, la douleur, une autre peur, arrivent à en triompher. Ce que l'amour d'un être ou d'un pays, ce que la folie de la liberté arrivent à faire, comment la cupidité, la haine, la jalousie ne le feraient-elles pas ? Depuis des siècles, la peine de mort, accompagnée souvent de sauvages raffinements, essaie de tenir tête au crime ; le crime pourtant s'obstine. Pourquoi ? C'est que les instincts qui, dans l'homme, se combattent, ne sont pas, comme le veut la loi, des forces constantes en état d'équilibre. Ce sont des forces variables qui meurent et triomphent tour à tour et dont les déséquilibres successifs nourrissent la vie de l'esprit, comme des oscillations électriques, suffisamment rapprochées, établissent un courant. Imaginons la série d'oscillations, du désir à l'inappétence, de la décision au renoncement, par lesquelles nous passons tous dans une seule journée, multiplions à l'infini ces variations et nous aurons une idée de la prolifération psychologique. Ces déséquilibres sont généralement trop fugitifs pour permettre à une seule force de régner sur l'être entier. Mais il arrive qu'une des forces de l'âme se déchaîne, jusqu'à occuper tout le champ de la conscience ; aucun instinct, fût-ce celui de la vie, ne peut alors s'opposer à la tyrannie de cette force irréversible. Pour que la peine capitale soit réellement intimidante, il faudrait que la nature humaine fût différente et qu'elle fût aussi stable et sereine que la loi elle-même. Mais elle serait alors nature morte.

Elle ne l'est pas. C'est pourquoi, si surprenant que cela paraisse à qui n'a pas observé ni éprouvé en lui-même la complexité humaine, le meurtrier, la plupart du temps, se sent innocent quand il tue. Tout criminel s'acquitte avant le jugement. Il s'estime, sinon dans son droit, du moins excusé par les circonstances. Il ne pense pas ni ne prévoit ; lorsqu'il pense, c'est pour prévoir qu'il sera excusé totalement ou partiellement. Comment craindrait-il ce qu'il juge hautement improbable ? Il craindra la mort après le jugement, et non avant le crime. Il faudrait donc que la loi, pour être intimidante, ne laisse aucune chance au meurtrier, qu'elle soit d'avance implacable et n'admette en particulier aucune circonstance atténuante. Qui oserait, chez nous, le demander ?

Le ferait-on, qu'il faudrait encore compter avec un autre paradoxe de la nature humaine. L'instinct de vie, s'il est fondamental, ne l'est pas plus qu'un autre instinct dont ne parlent pas les psychologues d'école : l'instinct de mort, qui exige à certaines heures la destruction de soi-même et des autres. Il est probable que le désir de tuer coïncide souvent avec le désir de mourir soi-même ou de s'anéantir*. L'instinct de conservation se trouve ainsi doublé, dans des proportions variables, par l'instinct de destruction. Ce dernier est le seul à pouvoir expliquer entièrement les nombreuses perversions qui, de l'alcoolisme à la drogue, mènent la personne à sa perte sans qu'elle puisse l'ignorer. L'homme désire vivre, mais il est vain d'espérer que ce désir régnera sur toutes ses actions. Il désire aussi n'être rien, il veut l'irréparable, et la mort pour elle-même. Il arrive ainsi que le criminel ne désire pas seulement le crime, mais le malheur qui l'accompagne, même et surtout si ce malheur est démesuré. Quand cet étrange désir grandit et règne, non seulement la perspective d'une mise à mort ne saurait arrêter le criminel, mais il est probable qu'elle ajoute encore au vertige où il se perd. On tue alors pour mourir, d'une certaine façon.

Ces singularités suffisent à expliquer qu'une peine qui semble calculée pour effrayer des esprits normaux soit en réalité complètement désamorcée de la psychologie moyenne. Toutes les statistiques sans exception, celles qui concernent les pays abolitionnistes comme les autres, mon-

---

* On peut lire chaque semaine dans la presse les cas de criminels qui ont hésité d'abord entre se tuer ou tuer.

trent qu'il n'y a pas de lien entre l'abolition de la peine de mort et la criminalité*. Cette dernière ne s'accroît ni ne décroît. La guillotine existe, le crime aussi ; entre les deux, il n'y a pas d'autre lien apparent que celui de la loi. Tout ce que nous pouvons conclure des chiffres, longuement alignés par les statistiques, est ceci : pendant des siècles, on a puni de mort des crimes autres que le meurtre et le châtiment suprême, longuement répété, n'a fait disparaître aucun de ces crimes. Depuis des siècles, on ne punit plus ces crimes par la mort. Ils n'ont pourtant pas augmenté en nombre et quelques-uns ont diminué. De même, on a puni le meurtre par la peine capitale pendant des siècles et la race de Caïn [1] n'a pas disparu pour autant. Dans les trente-trois nations qui ont supprimé la peine de mort ou n'en font plus usage, le nombre des meurtres, enfin, n'a pas augmenté. Qui pourrait tirer de là que la peine de mort soit réellement intimidante ?

Les conservateurs ne peuvent nier ces faits ni ces chiffres. Leur seule et dernière réponse est significative. Elle explique l'attitude paradoxale d'une société qui cache si soigneusement les exécutions qu'elle prétend exemplaires. « Rien ne prouve, en effet, disent les conservateurs, que la peine de mort soit exemplaire ; il est même certain que des milliers de meurtriers n'en ont pas été intimidés. Mais nous ne pouvons connaître ceux qu'elle a intimidés ; rien ne prouve par conséquent qu'elle ne soit pas exemplaire. » Ainsi, le plus grand des châtiments, celui qui entraîne la déchéance dernière pour le condamné, et qui octroie le privilège suprême

---

* Rapport du Select Committee anglais de 1930 et de la Commission royale anglaise qui a repris l'étude récemment : « Toutes les statistiques que nous avons examinées nous confirment que l'abolition de la peine de mort n'a pas provoqué une augmentation du nombre des crimes. »

1. Dans la Genèse, Caïn est le fils aîné d'Adam et Ève. Par jalousie, il tue son frère Abel et est maudit par Dieu qui le marque d'un signe. Il est symboliquement le premier meurtrier de l'humanité.

à la société, ne repose sur rien d'autre que sur une possibilité invérifiable. La mort, elle, ne comporte ni degrés ni probabilités. Elle fixe toutes choses, la culpabilité comme le corps, dans une rigidité définitive. Elle est cependant administrée chez nous au nom d'une chance et d'une supputation. Quand même cette supputation serait raisonnable, ne faudrait-il pas une certitude pour autoriser la plus certaine des morts ? Or, le condamné est coupé en deux, moins pour le crime qu'il a commis qu'en vertu de tous les crimes qui auraient pu l'être et ne l'ont pas été, qui pourront l'être et ne le seront pas. L'incertitude la plus vaste autorise ici la certitude la plus implacable.

Je ne suis pas le seul à m'étonner d'une si dangereuse contradiction. L'État lui-même la condamne et cette mauvaise conscience explique à son tour la contradiction de son attitude. Il ôte toute publicité à ses exécutions parce qu'il ne peut affirmer, devant les faits, qu'elles aient jamais servi à intimider les criminels. Il ne peut s'évader du dilemme où l'a déjà enfermé Beccaria[1] lorsqu'il écrivait : « S'il est important de montrer souvent au peuple des preuves du pouvoir, dès lors les supplices doivent être fréquents ; mais il faudra que les crimes le soient aussi, ce qui prouvera que la peine de mort ne fait point toute l'impression qu'elle devrait, d'où il résulte qu'elle est en même temps inutile et nécessaire. » Que peut faire l'État d'une peine inutile et nécessaire, sinon la cacher sans l'abolir ? Il la conservera donc, un peu à l'écart, non sans embarras, avec l'espoir aveugle qu'un homme au moins, un jour au moins, se trouvera arrêté, par la considération du châtiment, dans son geste meurtrier, et justifiera, sans que personne le

---

1. Cesare Beccaria (1738-1794), juriste et philosophe italien dont le célèbre traité *Des délits et des peines* a exercé une grande influence sur Voltaire et Diderot, et a contribué à la diffusion des thèses abolitionnistes.

sache jamais, une loi qui n'a plus pour elle ni la raison ni l'expérience. Pour continuer à prétendre que la guillotine est exemplaire, l'État est conduit ainsi à multiplier des meurtres bien réels afin d'éviter un meurtre inconnu dont il ne sait et ne saura jamais s'il a une seule chance d'être perpétré. Étrange loi, en vérité, qui connaît le meurtre qu'elle entraîne et ignorera toujours celui qu'elle empêche.

Que restera-t-il alors de ce pouvoir d'exemple, s'il est prouvé que la peine capitale a un autre pouvoir, bien réel celui-là, et qui dégrade des hommes jusqu'à la honte, la folie et le meurtre?

On peut déjà suivre les effets exemplaires de ces cérémonies dans l'opinion publique, les manifestations de sadisme qu'elles y réveillent, l'affreuse gloriole qu'elles suscitent chez certains criminels. Aucune noblesse autour de l'échafaud, mais le dégoût, le mépris ou la plus basse des jouissances. Ces effets sont connus. La décence elle aussi a commandé que la guillotine émigre de la place de l'Hôtel-de-Ville aux barrières [1], puis dans les prisons. On est moins renseigné sur les sentiments de ceux dont c'est le métier d'assister à cette sorte de spectacles. Écoutons alors ce directeur de prison anglaise qui avoue un «sentiment aigu de honte personnelle» et ce chapelain qui parle «d'horreur, de honte et d'humiliation*». Imaginons surtout les sentiments de l'homme qui tue en service commandé, je veux dire le bourreau. Que penser de ces fonctionnaires, qui appellent la guillotine «la bécane», le condamné «le client» ou le «colis». Sinon ce qu'en pense le prêtre Bela Just qui assista près de trente condamnés et qui écrit:

---

* Rapport du Select Committee, 1930.
1. Les barrières marquaient la limite de Paris et servaient de péage à l'entrée des marchandises, ainsi que de point de contrôle des individus arrivant dans la capitale.

« L'argot des justiciers ne le cède en rien en cynisme et en vulgarité à celui des délinquants*. » Au reste, voici les considérations d'un de nos aides-exécuteurs sur ses déplacements en province : « Quand nous partions en voyage, c'étaient de vraies parties de rigolade. À nous les taxis, à nous les bons restaurants** ! » Le même dit, en vantant l'adresse du bourreau à déclencher le couperet : « On pouvait *se payer le luxe* de tirer le client par les cheveux. » Le dérèglement qui s'exprime ici a d'autres aspects encore plus profonds. Les habits des condamnés appartiennent en principe à l'exécuteur. Deibler père les accrochait tous dans une baraque de planches et *allait de temps en temps les regarder*. Il y a plus grave. Voici ce que déclare notre aide-exécuteur :

> Le nouvel exécuteur est un cinglé de la guillotine. Il reste parfois des jours entiers chez lui, assis sur une chaise, tout prêt, avec son chapeau sur la tête, son pardessus, à attendre une convocation du ministère***.

Oui, voilà l'homme dont Joseph de Maistre[1] disait que, pour qu'il existe, il fallait un décret particulier de la puissance divine et que, sans lui, « l'ordre fait place au chaos, les trônes s'abîment et la société disparaît ». Voilà l'homme sur lequel la société se débarrasse entièrement du coupable, puisque le bourreau signe la levée d'écrou et qu'on remet alors un homme libre à sa discrétion. Le bel et solennel exemple, imaginé par nos législateurs, a du moins un effet certain, qui est de ravaler ou de détruire la qualité humaine et la raison chez ceux qui y collaborent directement. Il

---

* Bela Just, *La Potence et la croix*, Fasquelle.
** Roger Grenier, *Les Montres, op. cit.*
*** *Ibid.*
1. Joseph de Maistre (1753-1821), homme politique et écrivain conservateur. Il est l'un des principaux chefs de file de la philosophie contre-révolutionnaire française.

s'agit, dira-t-on, de créatures exceptionnelles qui trouvent une vocation dans cette déchéance. On le dira moins quand on saura qu'il y a des centaines de personnes qui s'offrent pour être exécuteurs gratuitement. Les hommes de notre génération, qui ont vécu l'histoire de ces dernières années, ne s'étonneront pas de cette information. Ils savent que, derrière les visages les plus paisibles, et les plus familiers, dort l'instinct de torture et de meurtre. Le châtiment qui prétend intimider un meurtrier inconnu rend certainement à leur vocation de tueurs bien d'autres monstres plus certains. Puisque nous en sommes à justifier nos lois les plus cruelles par des considérations probables, ne doutons pas que, sur ces centaines d'hommes dont on a décliné les services, l'un, au moins, a dû assouvir autrement les instincts sanglants que la guillotine a réveillés en lui.

Si donc l'on veut maintenir la peine de mort, qu'on nous épargne au moins l'hypocrisie d'une justification par l'exemple. Appelons par son nom cette peine à qui l'on refuse toute publicité, cette intimidation qui ne s'exerce pas sur les honnêtes gens, tant qu'ils le sont, qui fascine ceux qui ont cessé de l'être et qui dégrade ou dérègle ceux qui y prêtent la main. Elle est une peine, certainement, un épouvantable supplice, physique et moral, mais elle n'offre aucun exemple certain, sinon démoralisant. Elle sanctionne, mais elle ne prévient rien, quand elle ne suscite pas l'instinct de meurtre. Elle est comme si elle n'était pas, sauf pour celui qui la subit, dans son âme, pendant des mois ou des années, dans son corps, pendant l'heure désespérée et violente où on le coupe en deux, sans supprimer sa vie. Appelons-la par son nom qui, à défaut d'autre noblesse, lui rendra celle de la vérité, et reconnaissons-la pour ce qu'elle est essentiellement : une vengeance.

Le châtiment, qui sanctionne sans prévenir, s'appelle en effet la vengeance. C'est une réponse quasi arithmétique

que fait la société à celui qui enfreint sa loi primordiale.
Cette réponse est aussi vieille que l'homme : elle s'appelle
le talion[1]. Qui m'a fait mal doit avoir mal ; qui m'a crevé un
œil, doit devenir borgne ; qui a tué enfin doit mourir. Il
s'agit d'un sentiment, et particulièrement violent, non d'un
principe. Le talion est de l'ordre de la nature et de l'instinct,
il n'est pas de l'ordre de la loi. La loi, par définition, ne peut
obéir aux mêmes règles que la nature. Si le meurtre est
dans la nature de l'homme, la loi n'est pas faite pour imiter
ou reproduire cette nature. Elle est faite pour la corriger.
Or, le talion se borne à ratifier et à donner force de loi à
un pur mouvement de nature. Nous avons tous connu ce
mouvement, souvent pour notre honte, et nous connaissons sa puissance : il nous vient des forêts primitives. À cet
égard, nous autres Français qui nous indignons, à juste titre,
de voir le roi du pétrole[2], en Arabie Saoudite, prêcher la
démocratie internationale et confier à un boucher le soin
de découper au couteau la main du voleur, nous vivons
aussi dans une sorte de Moyen Âge qui n'a même pas les
consolations de la foi. Nous définissons encore la justice
selon les règles d'une arithmétique grossière*. Peut-on dire
du moins que cette arithmétique est exacte et que la jus-

---

  * J'ai demandé, il y a quelques années, la grâce de six condamnés
à mort tunisiens, condamnés pour le meurtre, dans une émeute, de
trois gendarmes français. Les circonstances où s'était produit ce
meurtre rendaient difficile le partage des responsabilités. Une note
de la présidence de la République me fit savoir que ma supplique
retenait l'intérêt de l'organisme qualifié. Malheureusement, lorsque
cette note me fut adressée, j'avais lu, depuis deux semaines, que la
sentence avait été exécutée. Trois des condamnés avaient été mis à
mort, les trois autres graciés. Les raisons de gracier les uns plutôt que
les autres n'étaient pas déterminantes. Mais il fallait sans doute procéder à trois exécutions capitales là où il y avait eu trois victimes.
  1. Dans l'Ancien Testament, la loi du talion fixe la règle de la vengeance selon l'égalité : « œil pour œil, dent pour dent ».
  2. Le prince Ibn Séoud (1880-1953) était célèbre pour ses mœurs
féodales et sa justice patriarcale, sévère et inflexible.

tice, même élémentaire, même limitée à la vengeance légale, est sauvegardée par la peine de mort ? il faut répondre que non.

Laissons de côté le fait que la loi du talion est inapplicable et qu'il paraîtrait aussi excessif de punir l'incendiaire en mettant le feu à sa maison qu'insuffisant de châtier le voleur en prélevant sur son compte en banque une somme équivalente à son vol. Admettons qu'il soit juste et nécessaire de compenser le meurtre de la victime par la mort du meurtrier. Mais l'exécution capitale n'est pas simplement la mort. Elle est aussi différente, en son essence, de la privation de vie, que le camp de concentration l'est de la prison. Elle est un meurtre, sans doute, et qui paie arithmétiquement le meurtre commis. Mais elle ajoute à la mort un règlement, une préméditation publique et connue de la future victime, une organisation, enfin, qui est par elle-même une source de souffrances morales plus terribles que la mort. Il n'y a donc pas équivalence. Beaucoup de législations considèrent comme plus grave le crime prémédité que le crime de pure violence. Mais qu'est-ce donc que l'exécution capitale, sinon le plus prémédité des meurtres, auquel aucun forfait de criminel, si calculé soit-il, ne peut être comparé ? Pour qu'il y ait équivalence, il faudrait que la peine de mort châtiât un criminel qui aurait averti sa victime de l'époque où il lui donnerait une mort horrible et qui, à partir de cet instant, l'aurait séquestrée à merci pendant des mois. Un tel monstre ne se rencontre pas dans le privé.

Là encore, lorsque nos juristes officiels parlent de faire mourir sans faire souffrir, ils ne savent pas ce dont ils parlent, et, surtout, ils manquent d'imagination. La peur dévastatrice, dégradante, qu'on impose pendant des mois ou des années*

---

* Rœmen, condamné à mort à la Libération, est resté sept cents jours dans les chaînes avant d'être exécuté, ce qui est scandaleux. Les

au condamné, est une peine plus terrible que la mort, et qui n'a pas été imposée à la victime. Même dans l'épouvante de la violence mortelle qui lui est faite, celle-ci, la plupart du temps, est précipitée dans la mort sans savoir ce qui lui arrive. Le temps de l'horreur lui est compté avec la vie et l'espoir d'échapper à la folie qui s'abat sur elle ne lui manque probablement jamais. L'horreur est, au contraire, détaillée au condamné à mort. La torture par l'espérance alterne avec les affres du désespoir animal. L'avocat et l'aumônier, par simple humanité, les gardiens, pour que le condamné reste tranquille, sont unanimes à l'assurer qu'il sera gracié. Il y croit de tout son être et puis il n'y croit plus. Il l'espère le jour, il en désespère la nuit*. À mesure que les semaines passent, l'espoir et le désespoir grandissent et deviennent également insupportables. Selon tous les témoins, la couleur de la peau change, la peur agit comme un acide. « Savoir qu'on va mourir n'est rien, dit un condamné de Fresnes[1]. Ne pas savoir si l'on va vivre, c'est l'épouvante et l'angoisse. » Cartouche[2] disait du supplice suprême : « Bah ! c'est un mauvais quart d'heure à passer. » Mais il s'agit de mois, non de minutes. Longtemps à l'avance, le condamné sait qu'il va être tué et que seule peut le sauver une grâce assez semblable, pour lui, aux décrets du ciel. Il ne peut en

condamnés de droit commun attendent, en règle générale, de trois à six mois le matin de leur mort. Et il est difficile, si l'on veut préserver leurs chances de survie, de raccourcir le délai. Je puis témoigner, d'ailleurs, que l'examen des recours en grâce est fait, en France, avec un sérieux qui n'exclut pas la volonté visible de gracier, dans toute la mesure où la loi et les mœurs le permettent.

* Le dimanche n'étant pas jour d'exécution, la nuit du samedi est toujours meilleure dans les quartiers des condamnés à mort.

1. Célèbre prison située au sud de Paris. Bâtie de 1895 à 1898, elle est un des symboles de la surpopulation carcérale et des mauvaises conditions de détention.

2. Dominique Bourguignon, dit Cartouche (1693-1721). Légendaire chef de brigands, il fut exécuté en 1721.

tout cas intervenir, plaider lui-même, ou convaincre. Tout se passe en dehors de lui. Il n'est plus un homme, mais une chose qui attend d'être maniée par les bourreaux. Il est maintenu dans la nécessité absolue, celle de la matière inerte, mais avec une conscience qui est son principal ennemi.

Quand les fonctionnaires, dont c'est le métier de tuer cet homme, l'appellent un colis, ils savent ce qu'ils disent. Ne pouvoir rien contre la main qui vous déplace, vous garde ou vous rejette, n'est-ce pas, en effet, être comme un paquet ou une chose, ou mieux, un animal entravé ? Encore l'animal peut-il refuser de manger. Le condamné ne le peut pas. On le fait bénéficier d'un régime spécial (à Fresnes, régime n° 4 avec suppléments de lait, vin, sucre, confitures, beurre) ; on veille à ce qu'il s'alimente. S'il le faut, on l'y force. L'animal qu'on va tuer doit être en pleine forme. La chose ou la bête ont seulement droit à ces libertés dégradées qui s'appellent les caprices. « Ils sont très susceptibles », déclare sans ironie un brigadier-chef de Fresnes, parlant des condamnés à mort. Sans doute, mais comment rejoindre autrement la liberté et cette dignité du vouloir dont l'homme ne peut se passer ? Susceptible ou non, à partir du moment où la sentence a été prononcée, le condamné entre dans une machine imperturbable. il roule un certain nombre de semaines dans des rouages qui commandent tous ses gestes et le livrent pour finir aux mains qui le coucheront sur la machine à tuer. Le colis n'est plus soumis aux hasards qui règnent sur l'être vivant, mais à des lois mécaniques qui lui permettent de prévoir sans faute le jour de sa décapitation.

Ce jour achève sa condition d'objet. Pendant les trois quarts d'heure qui le séparent du supplice, la certitude d'une mort impuissante écrase tout ; la bête liée et soumise connaît un enfer qui fait paraître dérisoire celui dont on le menace. Les Grecs étaient, après tout, plus humains avec leur ciguë[1]. Ils laissaient à leurs condamnés une relative liberté, la possibilité de retarder ou de précipiter l'heure de leur propre mort. Ils leur donnaient à choisir entre le suicide et l'exécution. Nous, pour plus de sûreté, nous faisons justice nous-mêmes. Mais il ne pourrait y avoir vraiment justice que si le condamné, après avoir fait connaître sa décision des mois à l'avance, était entré chez sa victime, l'avait liée solidement, informée qu'elle serait suppliciée dans une heure et avait enfin rempli cette heure à dresser l'appareil de la mort. Quel criminel a jamais réduit sa victime à une condition si désespérée et si impuissante ?

Cela explique sans doute cette étrange soumission qui est de règle chez les condamnés au moment de leur exécution. Ces hommes qui n'ont plus rien à perdre pourraient jouer leur va-tout, préférer mourir d'une balle au hasard, ou être guillotinés dans une de ces luttes forcenées qui obscurcissent toutes les facultés. D'une certaine manière, ce serait mourir librement. Et pourtant, à quelques exceptions près, la règle est que le condamné marche à la mort passivement, dans une sorte d'accablement morne. C'est là sans doute ce que veulent dire nos journalistes quand ils écrivent que le condamné est mort courageusement. Il faut lire que le condamné n'a pas fait de bruit, n'est pas sorti de sa condition de colis, et que tout le monde lui en est reconnaissant. Dans une affaire si dégradante, l'intéressé fait preuve d'une louable décence en permettant que la dégradation ne dure pas trop longtemps. Mais les compliments et les certificats de courage font partie de la mystification générale qui entoure la peine de mort. Car le condamné sera souvent d'autant plus décent qu'il aura plus peur. Il ne méritera les éloges de notre presse que si sa peur ou son

---

1. Le plus célèbre condamné à mort ayant bu la ciguë est Socrate. Le dialogue de Platon intitulé *Phédon* raconte le dernier entretien du philosophe avec ses disciples, jusqu'au moment de sa mort.

sentiment d'abandon sont assez grands pour le stériliser tout à fait. Qu'on m'entende bien. Certains condamnés, politiques ou non, meurent héroïquement et il faut parler d'eux avec l'admiration et le respect qui conviennent. Mais la majorité d'entre eux ne connaissent d'autre silence que celui de la peur, d'autre impassibilité que celle de l'effroi, et il me semble que ce silence épouvanté mérite encore un plus grand respect. Lorsque le prêtre Bela Just offre à un jeune condamné d'écrire aux siens, quelques instants avant d'être pendu, et qu'il s'entend répondre : « Je n'ai pas de courage, même pour cela », comment un prêtre, entendant cet aveu de faiblesse, ne s'inclinerait-il pas devant ce que l'homme a de plus misérable et de plus sacré ? Ceux qui ne parlent pas et dont on sait ce qu'ils ont éprouvé à la petite mare qu'ils laissent à la place dont on les arrache, qui oserait dire qu'ils sont morts lâchement ? Et comment faudrait-il qualifier alors ceux qui les ont réduits à cette lâcheté ? Après tout, chaque meurtrier, lorsqu'il tue, risque la plus terrible des morts, tandis que ceux qui le tuent ne risquent rien, sinon de l'avancement.

Non, ce que l'homme éprouve alors est au-delà de toute morale. Ni la vertu, ni le courage, ni l'intelligence, ni même l'innocence n'ont de rôle à jouer ici. La société est, d'un coup, ramenée aux épouvantes primitives où plus rien ne peut se juger. Toute équité, comme toute dignité, ont disparu.

> Le sentiment de l'innocence n'immunise pas contre les sévices... J'ai vu mourir courageusement d'authentiques bandits alors que des innocents allaient à la mort en tremblant de tous leurs membres*.

Quand le même homme ajoute que, selon son expérience, les défaillances atteignent plus volontiers les intel-

---

* Bela Just, *op. cit.*

lectuels, il ne juge pas que cette catégorie d'hommes ait moins de courage que d'autres, mais seulement qu'elle a plus d'imagination. Confronté à la mort inéluctable, l'homme, quelles que soient ses convictions, est ravagé de fond en comble*. Le sentiment d'impuissance et de solitude du condamné ligoté, face à la coalition publique qui veut sa mort, est à lui seul une punition inimaginable. À cet égard aussi, il vaudrait mieux que l'exécution fût publique. Le comédien qui est en chaque homme pourrait alors venir au secours de l'animal épouvanté et l'aider à faire figure, même à ses propres yeux. Mais la nuit et le secret sont sans recours. Dans ce désastre, le courage, la force d'âme, la foi même risquent d'être des hasards. En règle générale, l'homme est détruit par l'attente de la peine capitale bien avant de mourir. On lui inflige deux morts, dont la première est pire que l'autre, alors qu'il n'a tué qu'une fois. Comparée à ce supplice, la peine du talion apparaît encore comme une loi de civilisation. Elle n'a jamais prétendu qu'il fallait crever les deux yeux de celui qui éborgne son frère.

Cette injustice fondamentale se répercute, d'ailleurs, sur les parents du supplicié. La victime a ses proches dont les souffrances sont généralement infinies et qui, la plupart du temps, désirent être vengés. Ils le sont, mais les parents du condamné connaissent alors une extrémité de malheur qui les punit au-delà de toute justice. L'attente d'une mère, ou d'un père, pendant de longs mois, le parloir, les conversations fausses dont on meuble les courts instants passés avec le condamné, les images de l'exécution enfin, sont des tortures qui n'ont pas été imposées aux proches de la victime.

---

* Un grand chirurgien, lui-même catholique, me confiait après expérience qu'il n'avertissait même pas les croyants, quand ils étaient atteints d'un cancer incurable. Le choc, selon lui, risquait de dévaster jusqu'à leur foi.

Quels que soient les sentiments de ces derniers, ils ne peuvent désirer que la vengeance excède de si loin le crime et qu'elle torture des êtres qui partagent, violemment, leur propre douleur.

> Je suis gracié, mon père, écrit un condamné à mort, je ne réalise pas tout à fait encore le bonheur qui m'échoit; ma grâce a été signée le 30 avril et m'a été signifiée mercredi en revenant du parloir. J'ai aussitôt fait prévenir papa et maman qui n'avaient pas encore quitté la Santé. Imaginez d'ici leur bonheur*.

On l'imagine, en effet, mais dans la mesure même où il est possible d'imaginer leur incessant malheur jusqu'à l'instant de la grâce, et le désespoir définitif de ceux qui reçoivent l'autre nouvelle, celle qui châtie, dans l'iniquité, leur innocence et leur malheur.

Pour en finir avec cette loi du talion, il faut constater que, même dans sa forme primitive, elle ne peut jouer qu'entre deux individus dont l'un est absolument innocent et l'autre absolument coupable. La victime, certes, est innocente. Mais la société qui est censée la représenter peut-elle prétendre à l'innocence? N'est-elle pas responsable, au moins en partie, du crime qu'elle réprime avec tant de sévérité? Ce thème a souvent été développé et je ne reprendrai pas les arguments que les esprits les plus divers ont exposés depuis le XVIIIe siècle. On peut les résumer d'ailleurs en disant que toute société a les criminels qu'elle mérite. Mais s'agissant de la France, il est impossible de ne pas signaler les circonstances qui devraient rendre nos législateurs plus modestes.

---

* R. P. Devoyod, *op. cit.* Impossible aussi de lire, sans en être bouleversé, les pétitions de grâce présentées par un père ou une mère qui, visiblement, ne comprennent pas le châtiment qui les frappe soudain.

Répondant en 1952 à une enquête du *Figaro* sur la peine de mort, un colonel affirmait que l'institution des travaux forcés à perpétuité comme peine suprême reviendrait à constituer des conservatoires du crime. Cet officier supérieur semblait ignorer, et je m'en réjouis pour lui, que nous avons déjà nos conservatoires du crime, qui présentent avec nos maisons centrales cette différence appréciable qu'on peut en sortir à toute heure du jour et de la nuit : ce sont les bistrots et les taudis, gloires de notre République. Sur ce point, il est impossible de s'exprimer avec modération.

La statistique évalue à 64 000 les logements surpeuplés (de 3 à 5 personnes par pièce) dans la seule ville de Paris. Certes, le bourreau d'enfants est une créature particulièrement ignoble et qui ne suscite guère la pitié. Il est probable aussi (je dis probable) qu'aucun de mes lecteurs, placé dans les mêmes conditions de promiscuité, n'irait jusqu'au meurtre d'enfants. Il n'est donc pas question de diminuer la culpabilité de certains monstres. Mais ces monstres, dans des logements décents, n'auraient peut-être pas eu l'occasion d'aller si loin. Le moins qu'on puisse dire est qu'ils ne sont pas seuls coupables et il paraît difficile que le droit de les punir soit donné à ceux-là même qui subventionnent la betterave plutôt que la construction*.

Mais l'alcool rend encore plus éclatant ce scandale. On sait que la nation française est systématiquement intoxiquée par sa majorité parlementaire, pour des raisons généralement ignobles. Or le taux de responsabilité de l'alcool dans la genèse des crimes de sang est hallucinant. Un avocat (maître Guillon) l'a estimé à 60 %. Pour le docteur Lagriffe, ce taux va de 41,7 % à 72 %. Une enquête effectuée en 1951, au centre de triage de la prison de Fresnes, chez des condamnés de droit commun, a révélé 29 % d'alcoo-

---

* La France est le premier des pays consommateurs d'alcool, le quinzième des pays constructeurs [1957].

liques chroniques et 24 % de sujets d'ascendance alcoolique. Enfin, 95 % des bourreaux d'enfants sont des alcooliques. Ce sont là de beaux chiffres. Nous pouvons mettre en regard un chiffre plus superbe encore : la déclaration d'une maison d'apéritifs qui déclarait au fisc, en 1953, 410 millions de bénéfices. La comparaison de ces chiffres autorise à informer les actionnaires de ladite maison et les députés de l'alcool qu'ils ont tué certainement plus d'enfants qu'ils ne pensent. Adversaire de la peine capitale, je suis fort loin de réclamer leur condamnation à mort. Mais, pour commencer, il me paraît indispensable et urgent de les conduire, sous escorte militaire, à la prochaine exécution d'un bourreau d'enfant et de leur délivrer à la sortie un bulletin statistique qui comportera les chiffres dont j'ai parlé.

Quant à l'État qui sème l'alcool [1], il ne peut s'étonner de récolter le crime*. Il ne s'en étonne pas au demeurant, et se borne à couper les têtes où lui-même a versé tant d'alcool. Il fait justice imperturbablement, et se pose en créancier : sa bonne conscience n'est pas entamée. Tel ce représentant en alcools qui, répondant à l'enquête du *Figaro*, s'écriait : « Je sais ce que ferait le plus farouche défenseur de l'abolition si, ayant une arme à sa portée, il se trouvait subitement en présence d'assassins sur le point de tuer son père, sa mère, ses enfants ou son meilleur ami. Alors ! » Cet « alors »

---

* Les partisans de la peine de mort firent grand bruit à la fin du siècle dernier d'une augmentation de la criminalité, à partir de 1880, qui semblait parallèle à une diminution d'application de la peine. Mais c'est en 1880 qu'a été promulguée la loi permettant d'ouvrir sans autorisation préalable des débits de boisson. Après cela, allez interpréter les statistiques !

1. Le problème des bouilleurs de cru a été souvent évoqué à l'Assemblée nationale sans qu'aucune solution lui soit jamais apportée à l'époque où Camus rédige les *Réflexions sur la guillotine*. Il existe une Régie des alcools : jusqu'à une date récente, tradition et soucis budgétaires ont davantage influencé la politique menée dans ce domaine que la santé publique.

semble lui-même un peu alcoolisé. Naturellement, le plus farouche défenseur de l'abolition tirerait sur ces meurtriers, à juste titre, et sans que cela enlève rien à ses raisons de défendre farouchement l'abolition. Mais s'il avait, de surcroît, un peu de suite dans les idées et si lesdits assassins sentaient un peu trop l'alcool, il irait ensuite s'occuper de ceux dont c'est la vocation d'intoxiquer les futurs criminels. Il est même tout à fait surprenant que les parents des victimes de crimes alcooliques n'aient jamais eu l'idée d'aller solliciter quelques éclaircissements dans l'enceinte du Parlement. C'est pourtant le contraire qui se passe et l'État, investi de la confiance générale, soutenu même par l'opinion publique, continue de corriger les assassins, même et surtout alcooliques, un peu comme il arrive que le souteneur corrige les laborieuses créatures qui assurent sa matérielle. Mais le souteneur, lui, ne fait pas de morale. L'État en fait. Sa jurisprudence, si elle admet que l'ébriété constitue parfois une circonstance atténuante, ignore l'alcoolisme chronique. L'ébriété n'accompagne pourtant que les crimes de violence, qui ne sont pas punis de mort, tandis que l'alcoolique chronique est capable aussi de crimes prémédités, qui lui vaudront la mort. L'État se réserve donc le droit de punir dans le seul cas où sa responsabilité est profondément engagée.

Est-ce à dire que tout alcoolique doit être déclaré irresponsable par un État qui se frappera la poitrine jusqu'à ce que la nation ne boive plus que du jus de fruits ? Certainement non. Pas plus que les raisons tirées de l'hérédité ne doivent éteindre toute culpabilité. La responsabilité réelle d'un délinquant ne peut être appréciée avec précision. On sait que le calcul est impuissant à rendre compte du nombre de nos ascendants, alcooliques ou non. À l'extrémité des temps, il serait 10 puissance 22 fois plus grand que le nombre des habitants actuels de la terre. Le nombre de dispositions mauvaises ou morbides qu'ils ont pu nous transmettre est donc incalculable. Nous venons au monde chargés du poids d'une nécessité infinie. Il faudrait conclure en ce cas à une irresponsabilité générale. La logique voudrait que ni châtiment ni récompense ne fussent jamais prononcés et, du même coup, toute société deviendrait impossible. L'instinct de conservation des sociétés, et donc des individus, exige au contraire que la responsabilité individuelle soit postulée. Il faut l'accepter, sans rêver d'une indulgence absolue qui coïnciderait avec la mort de toute société. Mais le même raisonnement doit nous amener à conclure qu'il n'existe jamais de responsabilité totale ni, par conséquent, de châtiment ou de récompense absolus. Personne ne peut être récompensé définitivement, même pas les prix Nobel. Mais personne ne devrait être châtié absolument, s'il est estimé coupable, et, à plus forte raison, s'il risque d'être innocent. La peine de mort, qui ne satisfait véritablement ni à l'exemple ni à la justice distributive, usurpe de surcroît un privilège exorbitant, en prétendant punir une culpabilité toujours relative par un châtiment définitif et irréparable.

Si la peine capitale, en effet, est d'un exemple douteux et d'une justice boiteuse, il faut convenir, avec ses défenseurs, qu'elle est éliminatrice. La peine de mort élimine définitivement le condamné. Cela seul, à vrai dire, devrait exclure, pour ses partisans surtout, la répétition d'arguments hasardeux qui puissent être, nous venons de le voir, sans cesse contestés. Il est plus loyal de dire qu'elle est définitive parce qu'elle doit l'être, d'assurer que certains hommes sont irrécupérables en société, qu'ils constituent un danger permanent pour chaque citoyen et pour l'ordre social et qu'il faut donc, toute affaire cessante, les supprimer. Personne, du moins, ne peut contester l'existence de certains fauves sociaux, dont rien ne semble capable de briser l'énergie et la brutalité. La peine de mort, certes, ne résout pas le problème qu'ils posent. Convenons du moins qu'elle le supprime. Je reviendrai à ces hommes. Mais la peine capitale ne s'applique-t-elle qu'à eux? Peut-on nous assurer qu'aucun des exécutés n'est récupérable? Peut-on même jurer qu'aucun n'est innocent? Dans les deux cas, ne doit-on pas avouer que la peine capitale n'est éliminatrice que dans la mesure où elle est irréparable? Hier, 15 mars 1957, a été exécuté en Californie Burton Abbott, condamné à mort pour avoir assassiné une fillette de quatorze ans. Voilà, je crois, le genre de crime odieux qui classe son auteur parmi les irrécupérables. Bien qu'Abbott ait toujours protesté de son innocence, il fut condamné. Son exécution avait été fixée le 15 mars, à 10 heures. À 9 h 10, un sursis était accordé pour permettre aux défenseurs de présenter un dernier recours*. À 11 heures, l'appel était rejeté. À 11 h 15, Abbott entrait dans la chambre à gaz. À 11 h 18, il respirait les premières bouffées de gaz. À 11 h 20, le secrétaire de la Commission des grâces appelait au téléphone. La Commission s'était ravisée. On avait cherché le gouverneur qui était parti en mer, puis on avait appelé directement la prison. On tira Abbott de la chambre à gaz. Il était trop tard. Si seulement le temps, hier, avait été orageux au-dessus de la Californie, le gouverneur ne serait pas allé en mer. Il aurait téléphoné deux minutes plus tôt: Abbott, aujourd'hui, serait vivant et verrait peut-être son innocence prouvée. Toute autre peine, même la plus dure, lui laissait cette chance. La peine de mort ne lui en laissait aucune.

On estimera que ce fait est exceptionnel. Nos vies le sont aussi et pourtant, dans l'existence fugitive qui est la nôtre, ceci se passe près de nous, à une dizaine d'heures d'avion. Le malheur d'Abbott n'est pas tant une exception qu'un fait divers parmi d'autres, une erreur qui n'est pas isolée, si nous en croyons nos journaux (voir l'affaire

---

* Il faut noter que l'usage, dans les prisons américaines, est de changer le condamné de cellule la veille de son exécution en lui annonçant la cérémonie qui l'attend.

Deshays[1], pour ne citer que la plus récente). Le juriste d'Olivecroix, appliquant, vers 1860, à la chance d'erreur judiciaire le calcul des probabilités, a d'ailleurs conclu qu'environ un innocent était condamné sur deux cent cinquante-sept cas. La proportion est faible ? Elle est faible au regard des peines moyennes. Elle est infinie au regard de la peine capitale. Quand Hugo écrit que pour lui la guillotine s'appelle Lesurques*, il ne veut pas dire que tous les condamnés qu'elle décapite sont des Lesurques, mais qu'il suffit d'un Lesurques pour qu'elle soit à jamais déshonorée. On comprend que la Belgique ait renoncé définitivement à prononcer la peine de mort après une erreur judiciaire et que l'Angleterre ait posé la question de l'abolition après l'affaire Hayes[2]. On comprend aussi les conclusions de ce procureur général qui, consulté sur le recours en grâce d'un criminel, très probablement coupable, mais dont la victime n'avait pas été retrouvée, écrivait : « La survie de X... assure à l'autorité la possibilité d'examiner utilement à loisir tout nouvel indice qui serait apporté ultérieurement de l'existence de sa femme**... À l'inverse, l'exécution de la peine capitale, en annulant cette possibilité hypothétique d'examen, donnerait, je le crains, à l'indice le plus menu, une valeur théorique, une force de regret que je crois inopportun de créer. » Le goût de la justice et de la vérité s'exprime ici de façon émouvante et il conviendrait de citer souvent, dans nos assises, cette « force de regret » qui résume si fermement le péril devant lequel se trouve tout

---

* C'est le nom de l'innocent guillotiné dans l'affaire du *Courrier de Lyon*.

** Le condamné était accusé d'avoir tué sa femme. Mais on n'avait pas retrouvé le corps de cette dernière.

1. Deshays était un bûcheron de la Mayenne qui, faute de savoir s'expliquer, préféra avouer un meurtre dont il était innocent.

2. Hayes fut pendu, selon la loi anglaise de l'époque, pour un crime dont il était innocent.

juré. Une fois l'innocent mort, personne ne peut plus rien pour lui, en effet, que le réhabiliter, s'il se trouve encore quelqu'un pour le demander. On lui rend alors son innocence, qu'à vrai dire il n'avait jamais perdue. Mais la persécution dont il a été victime, ses affreuses souffrances, sa mort horrible, sont acquises pour toujours. Il ne reste qu'à penser aux innocents de l'avenir, pour que ces supplices leur soient épargnés. On l'a fait en Belgique. Chez nous, les consciences, apparemment, sont tranquilles.

Sans doute se reposent-elles sur l'idée que la justice, elle aussi, a fait des progrès et marche du même pas que la science. Quand le savant expert disserte en cour d'assises il semble qu'un prêtre ait parlé et le jury, élevé dans la religion de la science, opine. Pourtant, des affaires récentes, dont la principale fut l'affaire Besnard[1], nous ont donné une bonne idée de ce que pouvait être une comédie des experts. La culpabilité n'est pas mieux établie parce qu'elle l'a été dans une éprouvette, même graduée. Une deuxième éprouvette dira le contraire et l'équation personnelle garde toute son importance dans ces mathématiques périlleuses. La proportion des savants vraiment experts est la même que celle des juges psychologues, à peine plus forte que celle des jurys sérieux et objectifs. Aujourd'hui comme hier, la chance d'erreur demeure. Demain, une autre expertise dira l'innocence d'un Abbott quelconque. Mais Abbott sera mort, scientifiquement lui aussi, et la science qui prétend prouver aussi bien l'innocence que la culpabilité, n'est pas encore parvenue à ressusciter ceux qu'elle tue.

Parmi les coupables eux-mêmes, est-on sûr aussi de

---

1. Marie Besnard (1896-1980) fut accusée, sur un rapport d'experts toxicologues, d'avoir empoisonné sept membres de son entourage. Son procès, sans aboutir à une certitude définitive, prouva cependant la fragilité d'expertises qui se contredisaient de manière évidente.

n'avoir jamais tué que des irréductibles ? Tous ceux qui ont, comme moi, à une époque de leur vie, suivi par nécessité les procès d'assises, savent qu'il entre beaucoup de hasards dans une sentence, fût-elle mortelle. La tête de l'accusé, ses antécédents (l'adultère est souvent considéré comme une circonstance aggravante par des jurés dont je n'ai jamais pu croire qu'ils fussent tous et toujours fidèles), son attitude (qui ne lui est favorable que si elle est conventionnelle, c'est-à-dire comédienne, la plupart du temps), son élocution même (les chevaux de retour savent qu'il ne faut ni balbutier ni parler trop bien), les incidents de l'audience appréciés sentimentalement (et le vrai, hélas, n'est pas toujours émouvant), autant de hasards qui influent sur la décision finale du jury. Au moment du verdict de mort, on peut être assuré qu'il a fallu, pour arriver à la plus certaine des peines, un grand concours d'incertitudes. Quand on sait que le verdict suprême dépend d'une estimation que fait le jury des circonstances atténuantes, quand on sait surtout que la réforme de 1832 a donné à nos jurys le pouvoir d'accorder des circonstances atténuantes *indéterminées*, on imagine la marge laissée à l'humeur momentanée des jurés. Ce n'est plus la loi qui prévoit avec précision les cas où la mort doit être donnée, mais le jury qui, après coup, l'apprécie, c'est le cas de le dire, au jugé. Comme il n'y a pas deux jurys comparables, celui qui est exécuté aurait pu ne pas l'être. Irrécupérable aux yeux des honnêtes gens de l'Ille-et-Vilaine, il se serait vu accorder un semblant d'excuse par les bons citoyens du Var. Malheureusement, le même couperet tombe dans les deux départements. Et il ne fait pas le détail.

Les hasards du temps rejoignent ceux de la géographie pour renforcer l'absurdité générale. L'ouvrier communiste français[1] qui vient d'être guillotiné en Algérie pour avoir

---

1. Il s'agit de Fernand Yveton (1926-1957). Militant communiste

déposé une bombe (découverte avant qu'elle n'explose) dans le vestiaire d'une usine, a été condamné autant par son acte que par l'air du temps. Dans le climat actuel de l'Algérie, on a voulu à la fois prouver à l'opinion arabe que la guillotine était faite aussi pour les Français et donner satisfaction à l'opinion française indignée par les crimes du terrorisme. Au même moment, pourtant, le ministre[1] qui couvrait l'exécution acceptait les voix communistes dans sa circonscription. Si les circonstances avaient été autres, l'inculpé s'en tirait à peu de frais et risquait seulement un jour, devenu député du parti, de boire à la même buvette que le ministre. De telles pensées sont amères et l'on voudrait qu'elles restent vivantes dans l'esprit de nos gouvernants. Ils doivent savoir que les temps et les mœurs changent; un jour vient où le coupable, trop vite exécuté, n'apparaît plus si noir. Mais il est trop tard et il ne reste plus qu'à se repentir ou à oublier. Bien entendu, on oublie. La société, cependant, n'en est pas moins atteinte. Le crime impuni, selon les Grecs, infectait la cité. Mais l'innocence condamnée, ou le crime trop puni, à la longue, ne la souille pas moins. Nous le savons, en France.

Telle est, dira-t-on, la justice des hommes et, malgré ses imperfections, elle vaut mieux que l'arbitraire. Mais cette mélancolique appréciation n'est supportable qu'à l'égard des peines ordinaires. Elle est scandaleuse devant les verdicts de mort. Un ouvrage classique de droit français, pour excuser la peine de mort de n'être pas susceptible de degrés,

anticolonialiste, il est arrêté alors qu'il règle une bombe afin d'éviter que son explosion entraîne des pertes humaines. Il est torturé par les parachutistes avant d'être condamné à mort et guillotiné à la prison de Barberousse, devant laquelle le père de Camus avait assisté à une exécution capitale.

1. Camus vise ici Robert Lacoste (1898-1989), un homme politique qui fut souvent ministre dans les gouvernements socialistes de la IVᵉ République.

écrit ainsi : «La justice humaine n'a nullement l'ambition d'assurer cette proportion. Pourquoi ? Parce qu'elle se sait infirme.» Faut-il donc conclure que cette infirmité nous autorise à prononcer un jugement absolu et, qu'incertaine de réaliser la justice pure, la société doive se précipiter, par les plus grands risques, à la suprême injustice ? Si la justice se sait infirme, ne conviendrait-il pas qu'elle se montrât modeste, et qu'elle laissât autour de ses sentences une marge suffisante pour que l'erreur éventuelle pût être réparée*? Cette faiblesse où elle trouve pour elle-même, de façon permanente, une circonstance atténuante, ne devrait-elle pas l'accorder toujours au criminel lui-même ? Le jury peut-il décemment dire : «Si je vous fais mourir par erreur, vous me pardonnerez sur la considération des faiblesses de notre commune nature. Mais je vous condamne à mort sans considération de ces faiblesses ni de cette nature»? Il y a une solidarité de tous les hommes dans l'erreur et dans l'égarement. Faut-il que cette solidarité joue pour le tribunal et soit ôtée à l'accusé ? Non, et si la justice a un sens en ce monde, elle ne signifie rien d'autre que la reconnaissance de cette solidarité ; elle ne peut, dans son essence même, se séparer de la compassion. La compassion, bien entendu, ne peut être ici que le sentiment d'une souffrance commune et non pas une frivole indulgence qui ne tiendrait aucun compte des souffrances et des droits de la victime. Elle n'exclut pas le châtiment, mais elle suspend la condamnation ultime. Elle répugne à la mesure définitive, irréparable, qui fait injustice à l'homme tout entier puisqu'elle ne fait pas sa part à la misère de la condition commune.

---

* On s'est félicité d'avoir gracié Sillon, qui tua récemment sa fillette de quatre ans, pour ne pas la donner à sa mère qui voulait divorcer. On découvrit, en effet, pendant sa détention, que Sillon souffrait d'une tumeur au cerveau qui pouvait expliquer la folie de son acte.

À vrai dire, certains jurys le savent bien qui, souvent, admettent des circonstances atténuantes dans un crime que rien ne peut atténuer. C'est que la peine de mort leur parait alors excessive et qu'ils préfèrent ne pas assez punir à punir trop. L'extrême sévérité de la peine favorise alors le crime au lieu de le sanctionner. Il ne se passe pas de session d'assises où l'on ne lise dans notre presse qu'un verdict est incohérent et que, devant les faits, il parait ou insuffisant ou excessif. Mais les jurés ne l'ignorent pas. Simplement, devant l'énormité de la peine capitale, ils préfèrent, comme nous le ferions nous-mêmes, passer pour des ahuris plutôt que de compromettre leurs nuits à venir. Se sachant infirmes, ils en tirent du moins les conséquences qui conviennent. Et la vraie justice est avec eux, dans la mesure, justement, où la logique ne l'est pas.

Il est pourtant de grands criminels que tous les jurys condamneraient où que ce soit, dans n'importe quel temps. Leurs crimes sont certains et les preuves apportées par l'accusation rejoignent les aveux de la défense. Sans doute, ce qu'ils ont d'anormal et de monstrueux les classe déjà dans une rubrique pathologique. Mais les experts psychiatres affirment, dans la plupart des cas, leur responsabilité. Récemment, à Paris, un jeune homme, un peu faible de caractère, mais doux et affectueux, très uni aux siens, se trouve, selon ses aveux, agacé par une remarque de son père sur sa rentrée tardive. Le père lisait, assis devant la table de la salle à manger. Le jeune homme prend une hache et, par-derrière, frappe son père de plusieurs coups mortels. Puis il abat, de la même manière, sa mère qui se trouvait dans la cuisine. Il se déshabille, cache son pantalon ensanglanté dans l'armoire, va rendre visite, sans rien laisser paraître, aux parents de sa fiancée, revient ensuite chez lui et avise la police qu'il vient de trouver ses parents assassinés. La police découvre aussitôt le pantalon ensanglanté et obtient, sans difficultés, les aveux tranquilles du parricide. Les psychiatres conclurent à la responsabilité de ce meurtrier par agacement. Son étrange indifférence, dont il devait donner d'autres preuves en prison (se félicitant que l'enterrement de ses parents eût été suivi par beaucoup de monde: «Ils étaient très aimés», disait-il à son avocat) ne peut cependant être considérée comme normale. Mais le raisonnement était intact chez lui, apparemment.

Beaucoup de «monstres» présentent des visages aussi impénétrables. Ils sont éliminés, sur la seule considération des faits. Apparemment, la nature ou la grandeur de leurs crimes ne permet pas d'imaginer qu'ils puissent se repentir ou s'amender. Il faut seulement éviter qu'ils recommencent et il n'y a pas d'autre solution que de les éliminer. Sur cette frontière, et sur elle seule, la discussion autour de la peine de mort est légitime. Dans tous les autres cas, les arguments des conservateurs ne résistent pas à la critique des abolitionnistes. À cette limite, dans l'ignorance où nous sommes, un pari s'installe au contraire. Aucun fait, aucun raisonnement ne peut départager ceux qui pensent qu'une chance doit toujours être accordée au dernier des hommes et ceux qui estiment cette chance illusoire. Mais il est possible peut-être, sur cette dernière frontière, de dépasser la longue opposition entre partisans et adversaires de la peine de mort, en appréciant l'opportunité de cette peine, aujourd'hui, et en Europe. Avec beaucoup moins de compétence, j'essaierai de répondre ainsi au vœu d'un juriste suisse, le professeur Jean Graven, qui écrivait en 1952, dans sa remarquable étude sur le problème de la peine de mort:

> ... Devant le problème qui se pose derechef à notre conscience et à notre raison, nous pensons qu'une solution doit être recherchée non pas sur les conceptions, les problèmes et les arguments du passé, ni sur les espé-

rances et les promesses théoriques de l'avenir, mais sur les idées, les données, et les nécessités actuelles*.

On peut, en effet, disputer éternellement sur les bienfaits ou les ravages de la peine de mort à travers les siècles ou dans le ciel des idées. Mais elle joue un rôle ici et maintenant, et nous avons à nous définir ici et maintenant, en face du bourreau moderne. Que signifie la peine de mort pour les hommes du demi-siècle ?

Pour simplifier, disons que notre civilisation a perdu les seules valeurs qui, d'une certaine manière, peuvent justifier cette peine et souffre au contraire de maux qui nécessitent sa suppression. Autrement dit, l'abolition de la peine de mort devrait être demandée par les membres conscients de notre société, à la fois pour des raisons de logique et de réalisme.

De logique d'abord. Arrêter qu'un homme doit être frappé du châtiment définitif revient à décider que cet homme n'a plus aucune chance de réparer. C'est ici, répétons-le, que les arguments s'affrontent aveuglément et cristallisent dans une opposition stérile. Mais justement, nul parmi nous ne peut trancher sur ce point, car nous tous sommes juges et parties. De là notre incertitude sur le droit que nous avons de tuer et l'impuissance où nous sommes à nous convaincre mutuellement. Sans innocence absolue, il n'est point de juge suprême. Or, nous avons tous fait du mal dans notre vie, même si ce mal, sans tomber sous le coup des lois, allait jusqu'au crime inconnu[1]. Il n'y a pas de justes, mais seulement des cœurs plus ou moins pauvres en justice. Vivre, du moins, nous permet de le savoir et d'ajouter à la somme de

---

* *Revue de Criminologie et de Police technique*, Genève, numéro spécial, 1952.
1. Voir *La Chute*, et notamment la scène du cri poussé par le personnage d'une femme qui se noie.

nos actions un peu du bien qui compensera, en partie, le mal que nous avons jeté dans le monde. Ce droit de vivre qui coïncide avec la chance de réparation est le droit naturel de tout homme, même le pire. Le dernier des criminels et le plus intègre des juges s'y retrouvent côte à côte, également misérables et solidaires[1]. Sans ce droit, la vie morale est strictement impossible. Nul d'entre nous, en particulier, n'est autorisé à désespérer d'un seul homme, sinon après sa mort qui transforme sa vie en destin et permet alors le jugement définitif. Mais prononcer le jugement définitif avant la mort, décréter la clôture des comptes quand le créancier est encore vivant, n'appartient à aucun homme. Sur cette limite, au moins, qui juge absolument se condamne absolument.

Bernard Fallot, de la bande Masuy, au service de la Gestapo, qui fut condamné à mort après avoir reconnu les nombreux et terribles crimes dont il s'était rendu coupable, et qui mourut avec le plus grand courage, déclarait lui-même qu'il ne pouvait être gracié. « J'ai les mains trop rouges de sang, disait-il à un camarade de prison*. » L'opinion, et celle de ses juges, le plaçaient certainement parmi les irrécupérables, et j'aurais été tenté de l'admettre si je n'avais lu un témoignage surprenant. Voici ce que Fallot disait au même compagnon, après avoir déclaré qu'il voulait mourir courageusement : « Veux-tu que je te dise mon plus profond regret ? Eh bien ! c'est de ne pas avoir connu plus tôt la Bible que j'ai là. Je t'assure que je n'en serais pas là où j'en suis. » Il ne s'agit pas de céder à quelque imagerie conventionnelle et d'évoquer les bons forçats de Victor Hugo. Les siècles éclairés, comme on dit, voulaient suppri-

---

* Jean Bocognano, *Quartier des fauves, prison de Fresnes*, Éditions du Fuseau.
1. La solidarité contre la mort est un thème central de *L'Homme révolté*.

mer la peine de mort sous prétexte que l'homme était fon-
cièrement bon. Naturellement, il ne l'est pas (il est pire ou
meilleur). Après vingt ans de notre superbe histoire, nous
le savons bien. Mais c'est parce qu'il ne l'est pas que personne parmi nous ne peut s'ériger en juge absolu, et prononcer l'élimination définitive du pire des coupables, puisque
nul d'entre nous ne peut prétendre à l'innocence absolue.
Le jugement capital rompt la seule solidarité humaine indis-
cutable, la solidarité contre la mort, et il ne peut être
légitimé que par une vérité ou un principe qui se place au-
dessus des hommes.

En fait, le châtiment suprême a toujours été, à travers les
siècles, une peine religieuse. Infligée au nom du roi, représentant de Dieu sur terre, ou par les prêtres, ou au nom de
la société considérée comme un corps sacré, ce n'est pas la
solidarité humaine qu'elle rompt alors, mais l'appartenance
du coupable à la communauté divine, qui peut seule lui donner la vie. La vie terrestre lui est sans doute retirée, mais
la chance de réparation lui est maintenue. Le jugement
réel n'est pas prononcé, il le sera dans l'autre monde. Les
valeurs religieuses, et particulièrement la croyance à la vie
éternelle, sont donc seules à pouvoir fonder le châtiment
suprême puisqu'elles empêchent, selon leur logique propre,
qu'il soit définitif et irréparable. Il n'est alors justifié que
dans la mesure où il n'est pas suprême.

L'Église catholique, par exemple, a toujours admis la
nécessité de la peine de mort. Elle l'a infligée elle-même, et
sans avarice, à d'autres époques. Aujourd'hui encore, elle la
justifie et reconnaît à l'État le droit de l'appliquer. Si nuan-
cée que soit sa position, on y trouve un sentiment profond
qui a été exprimé directement, en 1937, par un conseiller
national suisse de Fribourg, lors d'une discussion, au Conseil
national, sur la peine de mort. Selon M. Grand, le pire des
criminels, devant l'exécution menaçante, rentre en lui-même.

Il se repent et sa préparation à la mort en est facilitée. L'Église a sauvé un de ses membres, elle a accompli sa mission divine. Voilà pourquoi elle a constamment admis la peine de mort, non seulement comme un moyen de légitime défense, *mais comme un puissant moyen de salut**... Sans vouloir en faire une chose d'Église, la peine de mort peut revendiquer pour elle son efficacité quasi divine, comme la guerre.

En vertu du même raisonnement sans doute, on pouvait lire, sur l'épée du bourreau de Fribourg, la formule « Seigneur Jésus, tu es le Juge ». Le bourreau se trouve alors investi d'une fonction sacrée. Il est l'homme qui détruit le corps pour livrer l'âme à la sentence divine, dont nul ne préjuge. On estimera peut-être que de pareilles formules traînent avec elles des confusions assez scandaleuses. Et sans doute, pour qui s'en tient à l'enseignement de Jésus, cette belle épée est un outrage de plus à la personne du Christ. On peut comprendre, dans cette lumière, le mot terrible d'un condamné russe que les bourreaux du tsar allaient pendre, en 1905, et qui dit fermement au prêtre venu le consoler par l'image du Christ : « Éloignez-vous et ne commettez pas de sacrilège. » L'incroyant ne peut non plus s'empêcher de penser que des hommes qui ont mis au centre de leur foi la bouleversante victime d'une erreur judiciaire devraient se montrer au moins réticents devant le meurtre légal. On pourrait aussi rappeler aux croyants que l'empereur Julien, avant sa conversion, ne voulait pas donner de charges officielles aux chrétiens parce que ceux-ci refusaient systématiquement de prononcer des condamnations à mort ou d'y prêter la main. Pendant cinq siècles, les chrétiens ont donc cru que le strict enseignement moral de leur maître interdisait de tuer. Mais la foi catholique ne se

---

* C'est moi qui souligne.

nourrit pas seulement de l'enseignement personnel du Christ. Elle s'alimente aussi à l'Ancien Testament comme à saint Paul et aux Pères. En particulier l'immortalité de l'âme, et la résurrection universelle des corps sont des articles de dogme. Dès lors, la peine capitale reste, pour le croyant, un châtiment provisoire qui laisse en suspens la sentence définitive, une disposition nécessaire seulement à l'ordre terrestre, une mesure d'administration qui, loin d'en finir avec le coupable, peut favoriser au contraire sa rédemption. Je ne dis pas que tous les croyants pensent ainsi et j'imagine sans peine que des catholiques puissent se tenir plus près du Christ que de Moïse ou de saint Paul. Je dis seulement que la foi dans l'immortalité de l'âme a permis au catholicisme de poser le problème de la peine capitale en des termes très différents, et de la justifier.

Mais que signifie cette justification dans la société où nous vivons et qui, dans ses institutions comme dans ses mœurs, est désacralisée ? Lorsqu'un juge athée, ou sceptique, ou agnostique, inflige la peine de mort à un condamné incroyant, il prononce un châtiment définitif qui ne peut être révisé. Il se place sur le trône de Dieu*, sans en avoir les pouvoirs, et d'ailleurs sans y croire. Il tue, en somme, parce que ses aïeux croyaient à la vie éternelle. Mais la société, qu'il prétend représenter, prononce en réalité une pure mesure d'élimination, brise la communauté humaine unie contre la mort, et se pose elle-même en valeur absolue puisqu'elle prétend au pouvoir absolu. Sans doute, elle délègue un prêtre au condamné, par tradition. Le prêtre peut espérer légitimement que la peur du châtiment aidera à la conversion du coupable. Qui acceptera cependant qu'on justifie, par ce calcul, une peine infligée et reçue le plus souvent dans un

---

* On sait que la décision du jury est précédée de la formule : « Devant Dieu et ma conscience… »

tout autre esprit? C'est une chose que de croire avant d'avoir peur, une autre de trouver la foi après la peur. La conversion par le feu ou le couperet sera toujours suspecte, et on pouvait croire que l'Église avait renoncé à triompher des infidèles par la terreur. De toute manière, la société désacralisée n'a rien à tirer d'une conversion dont elle fait profession de se désintéresser. Elle édicte un châtiment sacré et lui retire en même temps ses excuses et son utilité. Elle délire à son propre sujet, elle élimine souverainement les méchants de son sein, comme si elle était la vertu même. Tel un homme honorable qui tuerait son fils dévoyé en disant: «Vraiment, je ne savais plus qu'en faire.» Elle s'arroge le droit de sélectionner, comme si elle était la nature elle-même, et d'ajouter d'immenses souffrances à l'élimination, comme si elle était un dieu rédempteur.

Affirmer en tout cas qu'un homme doit être absolument retranché de la société parce qu'il est absolument mauvais revient à dire que celle-ci est absolument bonne, ce que personne de sensé ne croira aujourd'hui. On ne le croira pas et l'on pensera plus facilement le contraire. Notre société n'est devenue si mauvaise et si criminelle que parce qu'elle s'est érigée elle-même en fin dernière et n'a plus rien respecté que sa propre conservation ou sa réussite dans l'histoire. Désacralisée, elle l'est, certes. Mais elle a commencé de se constituer au XIXe siècle un ersatz de religion, en se proposant elle-même comme objet d'adoration. Les doctrines de l'évolution et les idées de sélection qui les accompagnaient ont érigé en but dernier l'avenir de la société. Les utopies politiques qui se sont greffées sur ces doctrines ont placé, à la fin des temps, un âge d'or qui justifiait d'avance toutes les entreprises. La société s'est habituée à légitimer ce qui pouvait servir son avenir et à user par conséquent du châtiment suprême de manière absolue. Dès cet instant, elle a considéré comme crime et sacrilège tout ce qui contrariait son projet et ses dogmes temporels.

Autrement dit, le bourreau, de prêtre, est devenu fonctionnaire. Le résultat est là, autour de nous. Il est tel que cette
société du demi-siècle qui a perdu le droit, en bonne logique,
de prononcer la peine capitale, devrait, maintenant, la supprimer pour des raisons de réalisme.

Devant le crime, comment se définit en effet notre civilisation ? La réponse est simple : depuis trente ans, les crimes
d'État l'emportent de loin sur les crimes des individus. Je
ne parle même pas des guerres, générales ou localisées,
quoique le sang aussi soit un alcool, qui intoxique, à la
longue, comme le plus chaleureux des vins. Mais le nombre
des individus tués directement par l'État a pris des proportions astronomiques et passe infiniment celui des meurtres
particuliers. Il y a de moins en moins de condamnés de
droit commun et de plus en plus de condamnés politiques.
La preuve en est que chacun d'entre nous, si honorable
soit-il, peut envisager la possibilité d'être un jour condamné
à mort, alors que cette éventualité aurait paru bouffonne au
début du siècle. La boutade d'Alphonse Karr[1] : « Que mes-
sieurs les assassins commencent ! » n'a plus aucun sens.
Ceux qui font couler le plus de sang sont les mêmes qui
croient avoir le droit, la logique et l'histoire avec eux.

Ce n'est plus tant contre l'individu que notre société doit
donc se défendre que contre l'État. Il se peut que les proportions soient inversées dans trente ans. Mais, pour le
moment, la légitime défense doit être opposée à l'État et à
lui d'abord. La justice et l'opportunité la plus réaliste commandent que la loi protège l'individu contre un État livré
aux folies du sectarisme ou de l'orgueil. « Que l'État com-

---

1. Alphonse Karr (1808-1890), écrivain et journaliste conservateur
qui s'oppose cependant au coup d'État de Napoléon III en 1851 et se
retire alors sur la Côte d'Azur.

mence et abolisse la peine de mort!» devrait être, aujour-
d'hui, notre cri de ralliement.

Les lois sanglantes, a-t-on dit, ensanglantent les mœurs.
Mais il arrive un état d'ignominie, pour une société donnée
où, malgré tous les désordres, les mœurs ne parviennent
jamais à être aussi sanglantes que les lois. La moitié de l'Europe connaît cet état. Nous autres Français, l'avons connu
et risquons de le connaître à nouveau. Les exécutés de l'occupation ont entraîné les exécutés de la Libération dont les
amis rêvent de revanche. Ailleurs des États chargés de trop
de crimes se préparent à noyer leur culpabilité dans des
massacres plus grands encore. On tue pour une nation ou
pour une classe divinisées. On tue pour une société future,
divinisée elle aussi. Qui croit tout savoir imagine tout pouvoir. Des idoles temporelles, qui exigent une foi absolue,
prononcent inlassablement des châtiments absolus. Et des
religions sans transcendance tuent en masse des condamnés sans espérance.

Comment la société européenne du demi-siècle survi-
vrait-elle alors, sans décider de défendre les personnes, par
tous les moyens, contre l'oppression étatique? Interdire la
mise à mort d'un homme serait proclamer publiquement
que la société et l'État ne sont pas des valeurs absolues,
décréter que rien ne les autorise à légiférer définitivement,
ni à produire de l'irréparable. Sans la peine de mort,
Gabriel Péri[1] et Brasillach[2] seraient peut-être parmi nous.
Nous pourrions alors les juger, selon notre opinion, et dire

1. Gabriel Péri (1902-1941), militant et député communiste, a été
fusillé par les Allemands pour faits de résistance.
2. Robert Brasillach (1909-1945), écrivain et journaliste. Collabo-
rationniste en raison de son admiration pour le nazisme et de son
dégoût pour la démocratie, il a été fusillé après sa condamnation à
mort, malgré l'appel de nombreux intellectuels de tout bord, après
que le général de Gaulle, chef du gouvernement provisoire, ait refusé
sa grâce.

fièrement notre jugement, au lieu qu'ils nous jugent maintenant, et que nous nous taisons. Sans la peine de mort, le
cadavre de Rajk[1] n'empoisonnerait pas la Hongrie, l'Allemagne moins coupable serait mieux reçue de l'Europe, la
révolution russe n'agoniserait pas dans la honte, le sang
algérien pèserait moins sur nos consciences. Sans la peine
de mort, l'Europe, enfin, ne serait pas infectée par les
cadavres accumulés depuis vingt ans dans sa terre épuisée.
Sur notre continent, toutes les valeurs sont bouleversées
par la peur et la haine, entre les individus comme entre les
nations. La lutte des idées se fait à la corde et au couperet.
Ce n'est plus la société humaine et naturelle qui exerce ses
droits de répression, mais l'idéologie qui règne et exige ses
sacrifices humains. « L'exemple que donne toujours l'échafaud, a-t-on pu écrire*, c'est que la vie de l'homme cesse
d'être sacrée lorsqu'on croit utile de le tuer. » Apparemment, cela devient de plus en plus utile, l'exemple se pro-
page, la contagion se répand partout. Avec elle, le désordre
du nihilisme[2]. Il faut donc donner un coup d'arrêt spectaculaire et proclamer, dans les principes et dans les institutions, que la personne humaine est au-dessus de l'État. Toute
mesure, aussi bien, qui diminuera la pression des forces
sociales sur l'individu, aidera à décongestionner une Europe
qui souffre d'un afflux de sang, lui permettra de mieux penser et de s'acheminer vers la guérison. La maladie de l'Eu-

---

* Francart.
1. László Rajk (1909-1949), ancien secrétaire du Parti communiste
hongrois. Il a été exécuté dans le cadre de purges internes au Parti,
alors qu'il s'opposait à Rákosi (1892-1971), protégé par Staline. Il est
réhabilité en 1956.
2. Du latin *nihil*, « rien ». Doctrine selon laquelle l'existence
humaine n'a aucune valeur dans la mesure où elle se caractérise par
l'absurde et s'achève dans le néant. Camus reprend ici les thèses de
L'Homme révolté en s'opposant à la tentation de justifier le meurtre
cynique et la barbarie par l'absence de divinité et de toute morale
absolue.

rope est de ne croire à rien et de prétendre tout savoir. Mais elle ne sait pas tout, il s'en faut, et, à en juger par la révolte et l'espérance où nous sommes, elle croit à quelque chose : elle croit que l'extrême misère de l'homme, sur une limite mystérieuse, touche à son extrême grandeur. La foi, pour la majorité des Européens, est perdue. Avec elle, les justifications qu'elle apportait dans l'ordre du châtiment. Mais la majorité des Européens vomissent aussi l'idolâtrie d'État qui a prétendu remplacer la foi. Désormais à mi-chemin, certains et incertains, décidés à ne jamais subir et ne jamais opprimer, nous devrions reconnaître en même temps notre espoir et notre ignorance, refuser la loi absolue, l'institution irréparable. Nous en savons assez pour dire que tel grand criminel mérite les travaux forcés à perpétuité. Mais nous n'en savons pas assez pour décréter qu'il soit ôté à son propre avenir, c'est-à-dire à notre commune chance de réparation. Dans l'Europe unie de demain, à cause de ce que je viens de dire, l'abolition solennelle de la peine de mort devrait être le premier article du Code européen que nous espérons tous.

Des idylles humanitaires du XVIIIᵉ siècle aux échafauds sanglants, la route est droite et les bourreaux d'aujourd'hui, chacun le sait, sont humanistes. On ne saurait trop, par conséquent se méfier de l'idéologie humanitaire dans un problème comme celui de la peine de mort. Au moment de conclure, je voudrais donc répéter que ce ne sont pas des illusions sur la bonté naturelle de la créature, ni la foi dans un âge doré à venir, qui expliquent mon opposition à la peine de mort. Au contraire, l'abolition me paraît nécessaire pour des raisons de pessimisme raisonné, de logique et de réalisme. Non que le cœur n'ait pas de part à ce que j'ai dit. Pour qui vient de passer des semaines dans la fréquentation des textes, des souvenirs, des hommes qui, de près ou de loin, touchent à l'échafaud, il ne saurait être question de sortir de ces affreux défilés tel qu'on y était entré. Mais je ne crois pas, pour autant, il faut le répéter, qu'il n'y ait nulle responsabilité en ce monde et qu'il faille céder à ce penchant moderne qui consiste à tout absoudre, la victime et le tueur, dans la même confusion. Cette confusion purement sentimentale est faite de lâcheté plus que de générosité et finit par justifier ce qu'il y a de pire en ce monde. À force de bénir, on bénit aussi le camp d'esclaves, la force lâche, les bourreaux organisés, le cynisme des grands monstres politiques; on livre enfin ses frères. Cela se voit autour de nous. Mais justement, dans l'état actuel du monde, l'homme du siècle demande des lois et des institutions de convalescence, qui le brident sans le briser, qui le conduisent sans l'écraser. Lancé dans le dynamisme sans frein de l'histoire, il a besoin d'une physique et de quelques lois d'équilibre. Il a besoin, pour tout dire, d'une société de raison et non de cette anarchie où l'ont plongé son propre orgueil et les pouvoirs démesurés de l'État.

J'ai la conviction que l'abolition de la peine de mort nous aiderait à avancer sur le chemin de cette société. La France pourrait, prenant cette initiative, proposer de l'étendre aux pays non abolitionnistes de part et d'autre du rideau de fer. Mais qu'elle donne en tout cas l'exemple. La peine capitale serait alors remplacée par les travaux forcés, à perpétuité pour les criminels jugés irréductibles, à terme pour les autres. À ceux qui estiment que cette peine est plus dure que la peine capitale, on répondra en s'étonnant qu'ils n'aient pas proposé, dans ce cas, de la réserver aux Landru et d'appliquer la peine capitale aux criminels secondaires. On leur rappellera aussi les travaux forcés laissent au condamné la possibilité de choisir la mort, tandis que la guillotine n'ouvre aucun chemin de retour. À ceux qui estiment, au contraire, que les travaux forcés sont une peine trop faible, on répondra d'abord qu'ils manquent d'imagination et ensuite que la privation de la liberté leur paraît un

châtiment léger dans la seule mesure où la société contem-
poraine nous a appris à mépriser la liberté*.

Que Caïn ne soit pas tué, mais qu'il conserve aux yeux
des hommes un signe de réprobation, voilà en tout cas, la
leçon que nous devons tirer de l'Ancien Testament, sans parler des Évangiles, plutôt que de nous inspirer des exemples
cruels de la loi mosaïque. Rien n'empêche en tout cas
qu'une expérience, limitée dans le temps (pour dix ans, par
exemple) soit tentée chez nous, si notre Parlement est
encore incapable de racheter ses votes sur l'alcool par cette
grande mesure de civilisation que serait l'abolition définitive. Et si vraiment l'opinion publique, et ses représentants,
ne peuvent renoncer à cette loi de paresse qui se borne à
éliminer ce qu'elle ne sait amender, que, du moins, en
attendant un jour de renaissance et de vérité, nous n'en fas-
sions pas cet « abattoir solennel** » qui souille notre société.
La peine de mort, telle qu'elle est appliquée, et si rarement
qu'elle le soit, est une dégoûtante boucherie, un outrage
infligé à la personne et au corps de l'homme. Cette détron-
cation, cette tête vivante et déracinée, ces longs jets de
sang, datent d'une époque barbare qui croyait impression-
ner le peuple par des spectacles avilissants. Aujourd'hui où
cette ignoble mort est administrée à la sauvette, quel est le
sens de ce supplice ? La vérité est qu'à l'âge nucléaire nous

---

* Voir aussi le rapport sur la peine de mort du représentant
Dupont, à l'Assemblée nationale, le 31 mai 1791 : « Une humeur âcre
et brûlante le (l'assassin) consume ; ce qu'il redoute le plus, c'est le
repos ; c'est un état qui le laisse avec lui-même, c'est pour en sortir
qu'il brave continuellement la mort et cherche à la donner ; la solitude et sa conscience, voilà son véritable supplice. Cela ne nous
indique-t-il pas quel genre de punition vous devez lui infliger, quel est
celui auquel il sera sensible ? *N'est-ce pas dans la nature de la maladie
qu'il faut prendre le remède qui doit la guérir.* » C'est moi qui souligne la
dernière phrase. Elle fait de ce représentant peu connu un véritable
précurseur de nos psychologies modernes.
** Tarde.

tuons comme à l'âge du peson. Et il n'est pas un homme de sensibilité normale qui, à la seule idée de cette grossière chirurgie, n'en vienne à la nausée. Si l'État français est incapable de triompher de lui-même, sur ce point, et d'apporter à l'Europe un des remèdes dont elle a besoin, qu'il réforme pour commencer le mode d'administration de la peine capitale. La science qui sert à tant tuer pourrait au moins servir à tuer décemment. Un anesthésique qui ferait passer le condamné du sommeil à la mort, qui resterait à sa portée pendant un jour au moins pour qu'il en use librement, et qui lui serait administré, sous une autre forme, dans le cas de volonté mauvaise ou défaillante, assurerait l'élimination, si l'on y tient, mais apporterait un peu de décence là où il n'y a, aujourd'hui, qu'une sordide et obscène exhibition.

J'indique ces compromis dans la mesure où il faut parfois désespérer de voir la sagesse et la vraie civilisation s'imposer aux responsables de notre avenir. Pour certains hommes, plus nombreux qu'on ne croit, savoir ce qu'est réellement la peine de mort et ne pouvoir empêcher qu'elle s'applique, est physiquement insupportable. À leur manière, ils subissent aussi cette peine, et sans aucune justice. Qu'on allège au moins le poids des sales images qui pèsent sur eux, la société n'y perdra rien. Mais cela même, à la fin, sera insuffisant. Ni dans le cœur des individus ni dans les mœurs des sociétés, il n'y aura de paix durable tant que la mort ne sera pas mise hors la loi.

Du tableau

au texte

Christian Hubert-Rodier

Du tableau au texte

Catastrophe rouge
d'Andy Warhol

… un déficit d'image…

Si la guillotine a fait couler beaucoup de sang, et beaucoup d'encre, il s'en faut qu'elle ait fait couler autant de peinture. Et si, bien au-delà de la sinistre réalité de son utilisation, elle a occupé une place essentielle dans l'imaginaire, on pourrait même dire dans la fantasmatique de la modernité issue de la Révolution, elle n'aura pas suscité beaucoup d'images mémorables, encore moins de tableaux d'une quelconque valeur artistique. C'est peut-être qu'ayant eu à l'origine valeur de spectacle, l'exécution capitale a été progressivement soustraite à la vision, occultée, presque refoulée, soumise à une sorte d'interdit, non pas tant du discours, car il existe malgré tout des témoignages sur sa mise en œuvre, que de la représentation sensible.

Déficit d'image qui n'est sans doute pas contingent, mais tient peut-être, sinon à une volonté délibérée de dérober aux yeux du monde un châtiment depuis toujours problématique et contesté, du moins à la mauvaise conscience, à la difficulté à montrer ouvertement et à regarder en face l'assassinat légal, perpétré froidement au nom de la justice ou de la raison d'État, quelles que soient les justifications qu'on ait voulu lui trouver. Face à ce tabou et à cette occultation, Albert Camus affiche sa volonté de « parler crûment », de « montrer l'obscénité qui se cache

sous le manteau des mots», et de «chercher à graver profondément cette sanction, et sa terrible réalité, dans toutes
les sensibilités, par tous les moyens de l'image et du langage». Mais comment donc représenter ce à quoi nul, en
dehors de ceux qui officient, ne peut être présent, donner
à voir ce qui est caché, soustrait au regard, accompli secrètement dans l'obscurité d'une prison, sans témoins ou
presque?

L'amplitude et la publicité la plus grande, l'extrême visi-
bilité, semblaient pourtant d'emblée requises par la peine
capitale, dès lors que depuis toujours, indépendamment
de son caractère proprement rétributif, on faisait valoir son
utilité à titre préventif et dissuasif. Cette perspective littéralement théâtrale apparaît avec force chez Jeremy Bentham,
dans ces lignes de la *Théorie des lois pénales* (1775) : «Ren-
dez vos peines exemplaires, donnez aux cérémonies qui les
accompagnent une sorte de pompe lugubre. Appelez à votre
secours tous les arts imitatifs, et que la représentation de
ces importantes opérations soient parmi les premiers objets
qui frappent les yeux [...]. Que tous les personnages de ce
drame terrible se meuvent dans une procession solennelle,
qu'une musique grave et religieuse prépare les cœurs.»

À cet égard, c'est un paradoxe révélateur, souligné par
Camus, que tout en ne cessant d'invoquer la fonction
d'exemplarité de la peine capitale, on l'ait en fin de compte
dérobée à la vue du public, enfouie dans l'obscurité des
prisons et des petits matins blêmes, et ceci au moment
même où se développaient des procédés techniques permettant la production et la reproduction illimitée, la diffusion instantanée et simultanée, la circulation massive,
universelle et impérieuse des images.

... une caractéristique de la mort moderne...

C'est par le biais de la réduction du châtiment capital à
un unique mode d'exécution, la décapitation, jadis privi-

lège exclusif de la noblesse, et en lui assignant comme seule fin d'ôter la vie au condamné, sans l'assortir d'un luxe de supplices supplémentaires, ni même en principe lui causer la moindre souffrance, qu'une telle opération, rapide comme l'éclair, uniforme et toujours identique à elle-même, susceptible d'être produite et reproduite à tout instant à conditions égales, pouvait et devait être dévolue à un procédé mécanique, qui rationalise et désacralise la peine capitale en la déritualisant et la dépersonnalisant. Celle-ci est désormais restreinte à l'exécution pure et simple de la sentence, suivant l'article lapidaire du code pénal prescrivant que « tout condamné aura la tête tranchée », en moins de temps qu'il ne faut pour le dire. Et c'est cette réduction à une opération mécanique instantanée et indéfiniment reproductible qui contribue d'une façon décisive à rendre invisible le châtiment, en le dépouillant de sa dimension proprement spectaculaire. Il n'y a désormais presque plus rien à voir, plus de représentation se déployant dans une durée, mais un instantané à peine perceptible, et c'est là une contradiction intenable pour l'efficacité dissuasive, que sauront débusquer et exploiter ceux qui prônent l'usage exceptionnel ou l'abolition pure et simple de la peine de mort. Tel Cesare Beccaria (1738-1794), qui fait valoir que « le frein le plus puissant pour arrêter les crimes n'est pas le spectacle terrible mais momentané de la mort d'un scélérat, c'est le tourment d'un homme privé de sa liberté, transformé en bête de somme », et prône le remplacement de la peine capitale par les travaux forcés à perpétuité, transposition séculière du châtiment éternel des damnés.

Cette disparition insidieuse de la disparition brutale est sans doute une caractéristique très générale de la mort moderne : à l'inverse du corps à corps primitif où l'un des combattants peut mourir d'épuisement sous l'assaut des coups de son adversaire, ou du supplice fait pour durer, désormais rejeté dans la part maudite et illégitime de la torture policière ou militaire, la mort violente, au combat ou par exécution, individuelle ou collective, perpétrée par des personnes privées, des groupes particuliers, ou par l'État lui-même, est instantanée et imperceptible, presque invisible et comme insensible, du moins à ceux qui la causent ou la voient commettre, comme la technologie qui désormais la provoque, sans contact physique, rencontre effective, même des regards, ni engagement personnel : appareils, machines ou usines à tuer se chargent de donner la mort. Même au plus près, on peut tuer à distance, machinalement, comme absent à ce qu'on fait, presque sans avoir le besoin ni le temps d'y penser. Dénégation de la mort violente par son escamotage.

... une chaise vide...

Voici cependant une œuvre de l'art où s'expose avec insistance, démultipliée et juxtaposée dans un seul plan, sinon la catastrophe de l'exécution, du moins son instrument, et ce qu'il reste après qu'elle a eu lieu : une chaise vide, au milieu d'une pièce vide, saisies par l'œil objectif, impersonnel d'une chambre obscure. N'est-ce pas justement cet effacement, cette impossibilité de représenter l'imprésentable, comme de (se) figurer l'intolérable, cet inimaginable qui vient vider toute représentation de sa substance et de sa signification, qui se montre en se dérobant dans cette image où, plus qu'on ne voit réellement, on devine à peine sous son aspect anodin et familier, presque domestique, la terrifiante machine à donner la mort qui est en vigueur depuis maintenant plus d'un siècle de l'autre côté de l'Atlantique ? Instrument aussi emblématique de l'Amérique que la statue de la Liberté ou l'Empire State Building, mais qui, lui, reste caché, comme la part d'ombre et de honte du rêve américain. Andy Warhol (1928-1987) a réalisé cette *Catastrophe rouge* (*Red Disaster*) en 1963, à un moment où le débat sur la peine de mort retrouvait une certaine actualité aux États-

Unis. Il ne s'agit pourtant pas d'une œuvre où l'on puisse
voir une quelconque déclaration ou protestation, qui
affirme ou prenne position de quelque manière que ce
soit. Plus que du bruit et de la fureur qui règnent chez
Goya lorsqu'il dénonce les *Désastres* de la guerre, ou dans
le *Guernica* de Picasso, l'œuvre pourrait être rapprochée
de l'impassibilité d'Édouard Manet prenant l'exécution
de l'empereur Maximilien comme un morceau de peinture parmi d'autres. À l'instar de nombre d'œuvres de
Warhol, cette *Catastrophe* ne fait que reproduire à l'aide du
procédé sérigraphique et reporter sur une toile de grand
format, en douze exemplaires rigoureusement identiques,
la même photo de presse, d'ailleurs non publiée, comme
prise au hasard dans la multitude d'images dont les médias
et l'industrie culturelle peuvent désormais nous submer-
ger à chaque seconde : ce qu'on y découvre, c'est la chaise
électrique du pénitencier de Sing Sing, dans l'État de New
York, où six cent quatorze condamnés ont été exécutés.
Machine de mort et icône sinistre de l'Amérique, comme
la guillotine l'aura été dans l'histoire et l'imaginaire de la
France moderne, conçue comme celle-ci pour simplifier et
adoucir la peine capitale, en remplacement de la pendaison alors en vigueur, elle fut adoptée dès 1880, à la suite
d'une véritable campagne publicitaire orchestrée par la
compagnie General Electric. La chaise, flottant dans l'image
comme dans le vide de la pièce déserte, sans aucune présence humaine, semble abandonnée, oubliée là, livrée à
son incongruité, anachronique comme dans une salle de
torture d'un autre temps, sans qu'on puisse savoir si celle-
ci a été désertée depuis longtemps, ou en attente d'un
client, tel un fauteuil de barbier. Présence fantomatique
qui est à la fois absence et présence d'un événement
dérobé à la vue, passé ou à venir, et menace d'un usage
toujours possible, mais comme une virtualité somme toute
abstraite, irreprésentable parce que personne, en dehors
du condamné à mort, ne peut y être présent sans être tenu
au secret. Image de ce que personne n'est censé voir, et

donc image privée de réalité. Le seul élément qui implique une assistance, à peine visible en haut à droite et quelque peu obscurci par la reproduction, c'est un écriteau sur le mur du fond où figure le mot « SILENCE ».

... trop d'images tue l'image...

À partir du même cliché, Warhol a produit par la sérigraphie, qui devient chez lui bien plus qu'un simple procédé technique ou même stylistique, de multiples tableaux, en variant le format, le nombre et la distribution des images, le contraste de la photo, et la couleur de la peinture recouvrant la toile. Si le principe de la reproduction et de la production en série, et de séries, sur le modèle de la production de masse et de l'industrie culturelle, était d'emblée inhérent au travail de Warhol, c'est cependant avec ce cliché de chaise électrique, c'est-à-dire cette machine à produire et reproduire en série la même mort, qu'il prendra toute son ampleur et se trouvera au départ de nombreuses autres séries analogues. La réitération de l'image et la production de multiples œuvres à partir du même module font disparaître l'objet représenté dans la représentation, pour laquelle il ne semble plus qu'un prétexte à des variations virtuellement infinies.

Et dans le tableau, la répétition de l'image, loin de renforcer la présence de la chaise, et de lui conférer une quelconque consistance, semble au contraire l'irréaliser un peu plus en la réduisant à n'exister qu'en tant qu'image, au plan où des images peuvent se juxtaposer, se superposer, s'interchanger et s'annuler, différentes et identiques tout à la fois, indiscernables sinon par des relations extrinsèques, position et ordre de succession. La réitération, qu'elle se rattache au procédé décoratif par lequel un même motif est reproduit et juxtaposé bord à bord, comme dans les tissus ou papiers muraux, où l'image indifférente disparaît au profit du *pattern* qu'elle constitue par sa reproduction mécanique sur un support uniforme, ou qu'elle relève d'une procédure formelle analogue à celle utilisée par les avant-gardes pour recouvrir *all over* la surface de la toile, a ici pour effet, non pas tant de renforcer l'intensité de la perception et de la réception de l'objet de la représentation qu'au contraire à la neutraliser. Il y a deux façons de vider une image de toute signification et de toute charge émotionnelle : soit la soustraire à son contexte et à sa fonction, la styliser, l'esthétiser en insistant et en jouant sur ses propriétés matérielles et formelles ; soit la multiplier indéfiniment sans modification notable. Ce sont ces deux voies opposées que Warhol, fort de son expérience de publicitaire et attentif aux développements des nouveaux moyens de (re)production et de communication, a su exploiter pour en jouer et en montrer, sans pour autant les dénoncer, l'efficacité et les effets. Il y a là une stratégie dont les voies différentes peuvent être combinées pour concourir au même résultat : anéantir la représentation, par défaut ou par excès, par la simplification extrême, l'abstraction ou la soustraction, ou à l'opposé, par un trop-plein d'images qui les vide toutes de contenu et les dévalue par la banalisation, la multiplication et la circulation frénétique, comme en une sorte d'inflation iconique : trop d'images tue l'image en tant qu'image *de* quelque chose, la privant de tout pouvoir de représentation. La vitesse et la puissance de la capacité de production et de reproduction des images ont comme effet majeur, voire parfois pour fin à peine masquée, d'anéantir toute faculté de (se) représenter quelque chose par le récepteur-spectateur passif.

Le rouge dans lequel baigne l'image photographique ne doit pas faire illusion : il ne faut y voir aucune valence symbolique, aucune volonté de dramatisation ou de sensibilisation du spectateur. Et pour d'autres *Chaises électriques*, d'autres teintes ont été utilisées : orange, violet, bleu, gris argenté, etc. L'usage de la couleur chez Warhol est totalement arbitraire, et revendiqué comme tel, dans sa dimen-

sion ludique, gratuite et plaisante, presque enfantine : pour
enjoliver. Ainsi des portraits de Marilyn Monroe déclen-
chés par la mort tragique de la star : « Et quant à savoir si
c'est symbolique de la peindre dans des couleurs aussi
crues : c'est la beauté, elle est très belle, et si une chose est
magnifique, elle prend de jolies couleurs, c'est tout. » Sans
se contredire, Warhol pouvait affirmer : « Le noir est ma
couleur préférée. Le blanc est ma couleur préférée. » Noir
et blanc : les couleurs de la photo de presse et du journal.
L'usage de la couleur, élément et signifiant de l'art pictu-
ral, vient même ici atténuer, voire neutraliser, ce que le
contraste violent du noir et blanc, propre aux techniques
de reproduction que sont l'imprimerie, la gravure puis la
photographie, peut avoir de dramatique. La couleur crée
donc plutôt comme une brume ou une fumée, un halo qui
à la fois brouille la perception des images, en neutralise la
charge iconique et émotive, les unifie et les transforme en
tableaux, selon la convention de la peinture, art de la
couleur.

... le nihilisme du spectacle de la marchandise...

Formé lui-même aux arts graphiques et ayant débuté sa
carrière en travaillant comme dessinateur pour la mode et
la publicité, Warhol s'était d'abord fait connaître en appliquant des techniques de reproduction encore rudimen-
taires, et ces mêmes principes de répétition et de série, à
des images d'objets de consommation typiquement américains, telles les célèbres *200 Boîtes de soupe Campbell's* ou les
210 Bouteilles de Coca-Cola datant de 1962, ou encore aux
photographies des stars du cinéma les plus en vue, telles
qu'on pouvait les trouver dans les journaux et les maga-
zines. Offrant ainsi le reflet ambigu, entre adhésion naïve
et distanciation ironique, des mœurs et des valeurs domi-
nantes de la société de consommation et du spectacle,
en une démarche artistique semblant participer de cette

« transfiguration du banal », selon l'expression d'Arthur Danto, initiée par les *ready made* de Marcel Duchamp. Ces icônes de la culture « populaire » le consacrèrent très vite comme une des figures emblématiques de ce courant qu'on nommera alors le Pop Art, recourant aux produits de consommation et de l'industrie culturelle, ou à l'imagerie tirée de la presse à grand tirage, des *comics* et du cinéma, en rupture avec le grand art de la peinture abstraite qui s'était imposé à New York depuis les années 1950.

Cependant, ce qui confère à Warhol l'importance décisive qui est la sienne, ce n'est pas tant l'iconographie, ni même son traitement, mais l'usage qu'il fait, avec une conscience aiguë de ses implications profondes, de l'image produite et reproduite en série, brouillant ainsi les distinctions et les hiérarchies entre l'art et l'industrie culturelle de masse, la peinture et la photographie, l'œuvre et l'objet, la contemplation désintéressée et la consommation indifférente, la création et les techniques de production industrielle, la participation esthétique et l'échange marchand. Cette indistinction rend possibles une prolifération et une extension infinies des productions iconiques, toutes équivalentes, dans un déploiement en surface virtuellement infini, dont l'écran de télévision est déjà porteur, mais en boucle.

Ce nouveau statut et cette puissance de prolifération de l'image, vouée à la consommation instantanée et à l'effacement sans profondeur ni ancrage dans une quelconque réalité, fût-ce celle de la subjectivité, nul plus que Warhol n'en a perçu et compris la montée en puissance, celle même du nihilisme du spectacle de la marchandise, et n'a su en jouer, non sans ambiguïté, mais avec élégance et intelligence. On a maintes fois cité et commenté ces propos de l'artiste : « Si vous voulez tout savoir sur Andy Warhol, contentez-vous de regarder à la surface de mes peintures et de mes films et de ma personne, c'est là que je suis. Il n'y a rien derrière. » Ou encore : « Je vois tout de cette façon, la surface des choses, une sorte de braille mental, je passe les mains sur la surface des choses.» Un regard superficiel, qui ne fait qu'effleurer les choses, ne se posant sur aucune en particulier, les réduisant à cette mince pellicule qui les constitue comme images par des procédés de décalque, d'impression, de translation, report et transfert par glissement, surface contre surface, sans travail en profondeur, sans la douleur du négatif, ni la souffrance artistique : ainsi regardées, en surface, réduites à une simple pellicule, une bouteille de Coca-Cola aurait la même valeur qu'un revolver, une conserve en fer-blanc la même qu'une chaise électrique...

... une dimension mortifère et mélancolique...

C'est ainsi que la même utilisation et le même traitement «superficiel» de la représentation peuvent être étendus et appliqués à des clichés tirés des médias modernes, de la presse dite à sensation et permettent de décliner, sans distinction, sous la même apparence détachée, sans différence de traitement, hiérarchie de valeur ou d'intensité émotionnelle, sans *pathos* ni expressivité, la litanie des catastrophes (*Disasters*) modernes, reprises, moyennant seulement certains recadrages, découpages ou montages calculés selon des critères plastiques, telles qu'elles se succèdent à la une des quotidiens, une image chassant l'autre, une nouvelle après l'autre. Photos de presse constituant la matière première des tableaux de Warhol, pêle-mêle : faits divers, tragédies individuelles ou collectives, morts anonymes ou célèbres ; catastrophes aériennes, accidents de la route, victimes d'empoisonnements alimentaires, suicides par défenestration, portraits de criminels recherchés par la police, susceptibles peut-être d'une condamnation à mort s'ils étaient arrêtés, armes à feu, et même explosion atomique, deviennent autant de thèmes de prédilection et de prétextes à des séries sur les visages de la mort moderne, à l'âge de sa production mécanique et de sa reproduction industrielle en millions d'exemplaires dans les images de presse et de télévision. «Il n'y avait aucune raison profonde de réaliser une série sur la mort, pas quelque chose comme "victimes de leur époque", soulignera plus tard l'artiste. Il n'y avait aucune raison de le faire sinon une raison de surface.»

Égalité des morts, et de toutes choses, soustraites à l'usage, réduites à leur image : «Plus une chose est égale, plus elle est américaine», affirmait Warhol. Or c'est en tant que marchandises et en tant qu'images que les choses peuvent être égalisées, mises sur le même plan et interchangeables. Mais il y a dans cette réduction ou cette annulation, cet aplanissement de toutes choses à une surface sans profondeur ni consistance, une dimension mortifère et mélancolique : «J'ai réalisé que tout ce que je faisais avait un rapport avec la mort», finira-t-il par confier. Comme sous cette lueur électrique où toutes les chaises sont noires, pour paraphraser Hegel, dans la mort tout est égal. Sous cette lumière sombre, même les images d'objets de consommation prennent une coloration mélancolique et des allures de nature morte; c'est toute la machine de production de biens de consommation et d'images à consommer qui semble tourner à vide, machine de mort, oppressante et étouffante.

Car sous l'apparence de la nouveauté et de la liberté, le principe de la répétition, qui préside à la publicité, à la communication et à l'industrie culturelle en général, attachées qu'elles sont à la production, à la reproduction, à la propagation des mêmes stéréotypes, n'est pas seulement une technique commerciale ou propagandiste. Ce principe est, comme le soulignaient Adorno et Horkheimer en 1944 dans *La Dialectique de la raison*, l'essence de l'idéologie de la domination : «pour démontrer la nature divine de la réalité, on se contente de la répéter cyniquement», et celui qui ne se soumet pas à cet empire d'une «duplication impartiale» du monde, réduit à sa représentation et sa reproduction mécanique, «celui qui doute du pouvoir de la monotonie n'est qu'un fou».

... une disparition de l'image au profit du simulacre...

Rien de plus monotone et mortel que les images, lorsqu'elles ne sont plus porteuses de rien, rien que d'elles-mêmes et de la marchandise, et d'elles-mêmes en tant que marchandises. Le lieu commun d'une «civilisation de l'image» cache la réalité d'une disparition de l'image au profit du simulacre. L'image est transitive, elle suppose un quelque chose dont elle est l'image, qu'elle rend présent sur le mode de l'apparence ou de l'émanation. Mais la reproductibilité infinie est toujours déjà productibilité infinie, sans un premier terme qui ne serait pas image, et de la consistance duquel l'image proviendrait et tirerait sa persistance : comme l'a fort bien vu Walter Benjamin dans *L'Œuvre d'art à l'époque de sa reproductibilité technique* (1939), «la reproduction se distingue de l'image. En celle-ci unicité et durée sont aussi étroitement liées que le sont en celle-là fugacité et possible répétition». L'apparition et le développement de techniques mécaniques de production et de reproduction transforment en profondeur l'œuvre d'art en supprimant ce qui lui reste d'«aura», reliée par Benjamin à son ancienne valeur rituelle, au profit de la seule valeur d'exposition.

À vrai dire, ce n'est pas seulement l'œuvre d'art ni même l'objet d'usage qui se trouvent ainsi affectés, transformés en images et en valeurs d'échange, et ainsi susceptibles d'être réunis ou confondus, devenant interchangeables et indécidables, mais l'image elle-même, et toute chose, et jusqu'à l'événement de leur apparaître dans l'unicité d'une présence; c'est la réalité elle-même, telle qu'elle se présente en tant qu'événement ou rencontre, dans sa singularité et son actualité : l'aura d'un objet naturel telle que Benjamin la définit, «comme l'unique apparition d'un

lointain, si proche soit-il », « le *hic et nunc* de l'original »
étant alors celui de l'événement comme rencontre ou
spectacle unique d'une présence non répétable et non
reproductible. Ce qui est en jeu, c'est donc la puissance de
(re)productibilité technique en tant que telle. C'est la production et la reproduction mécanique illimitées que la
photographie initie et rend possibles qui, dans le domaine
de l'œuvre, font triompher d'une façon décisive la valeur
d'exposition sur l'aura et la présence singulière, originale,
authentique. La répétition prend le dessus sur l'événement, tout événement donnant déjà lieu à une reproduction, avant même presque de se produire, c'est-à-dire de
s'être passé ; se (re)produisant en temps réel, en même
temps, instantanément, ce que signifie au sens propre
« simulacre » : simultanéité, sans délai ni différence, simu-
lation d'une chose ou d'un événement qui se produit
immédiatement comme re-production de quelque chose
qui n'a lieu et réalité que sous cette modalité.

... tirer le portrait instantanément, démocratiquement...

Aussi, dans cette *Catastrophe rouge*, y a-t-il une stricte ana-
logie, à partir d'un fonds commun, entre ce qui est mon-
tré et ce qui permet cette (dé)monstration. Le lien, c'est le
procédé mécanique à l'âge industriel qui l'assure, caractéristique de la modernité : la chaise électrique, comme l'a
été la guillotine, est un procédé mécanique qui permet de
produire et reproduire à volonté, instantanément et indéfiniment, la même mort, sans différence ni délai. Dans le
débat autour de la peine capitale, en deçà de la question
de la douleur, a été déterminante l'exigence de rationali-
sation et d'uniformisation, d'égalisation de la procédure.
L'égalité porta d'abord sur la peine et le mode d'exécution, un seul, égal pour tous indépendamment du statut
et du crime. Le docteur Louis, qui joua un rôle décisif
dans l'adoption de l'invention philanthropique du doc-

teur Guillotin, soulignait qu'«il faut nécessairement, pour
la certitude du procédé, qu'il dépende de moyens mécaniques invariables, dont on puisse également déterminer
la force et l'effet». Ainsi s'imposaient la nécessité et la
supériorité d'une technique raisonnée, entièrement maî-
trisée parce que mécanisée, fondée et garantie par une
expérimentation préalable, et pouvant produire et reproduire automatiquement, sans risque d'échec ou de cafouil-
lage. Donner la mort se réduirait ainsi à une décision de
justice et au simple geste qui exécute cette sentence en
déclenchant un mécanisme entraînant instantanément ses
effets, d'un seul coup et à coup sûr. La technique rationnelle, qui caractérise la modernité et imprègne jusqu'à la
sphère du politique réduite à l'administration des choses
et des hommes, vient ainsi supplanter et reléguer dans
l'archaïsme l'«artisanat furieux» du bourreau, mais aussi
l'interprétation personnelle, parfois dérangeante pour la
dignité de la justice, qu'il pouvait introduire. Le sombre
éclat de la mort se trouve dès lors réduit au déclic, mécanique ou électrique, d'un couperet, comparable à l'obtu-
rateur photographique découpant une tranche de vie. En
1796, le médecin et philosophe Cabanis, adversaire résolu
de la peine de mort pour des raisons de principe, quelle
que soit la façon de l'infliger, faisait valoir, pour récuser
l'argument toujours équivoque de la souffrance, que la
guillotine était indolore, et «tranchait les têtes avec la
vitesse du regard». La façon dont Guillotin avait d'ailleurs
présenté son invention : «Faire sauter la tête en un clin
d'œil et sans souffrance», n'est pas sans évoquer les slo-
gans publicitaires qui pourront, plus tard, accompagner
les progrès de l'appareil photographique, gagnant en sim-
plicité et en rapidité, et permettant d'arracher «en un clin
d'œil» la tête à tout un chacun, de tirer le portrait instantanément, démocratiquement, sans le supplice d'intermi-
nables séances de pose auxquelles le peintre soumettait
son modèle.

Ce sont donc les mêmes conditions et le même fonds

technique qui président à ces machines à prendre la vie instantanément que sont la guillotine, les armes à feu « automatiques » et l'appareil photographique dont les progrès passeront d'une façon essentielle par la maniabilité, le déclenchement instantané et la vitesse toujours plus grande de répétition, la capacité à mitrailler, au propre ou au figuré, tout ce qui passe. C'est en tout cas un étrange paradoxe que l'« humanisation » de la mort, l'adoucissement supposé du mode d'exécution, se soit produite grâce à sa mécanisation : guillotine ou chaise électrique.

… *le programme esthétique établi pour la* Factory…

Andy Warhol, pour justifier, non sans humour, l'utilisation du procédé sérigraphique, mettait en avant la possibilité virtuellement infinie qu'il donne de refaire en autant d'exemplaires qu'on le souhaite la même « œuvre », ce qui mine le concept même d'œuvre unique, originale et singulière, expression d'un génie singulier incarné dans une main, une gestuelle et une touche distinctives. « La méthode du tampon en caoutchouc que j'utilisais pour répéter des images m'a paru brusquement trop artisanale. Je voulais quelque chose qui donne davantage l'effet de la production à la chaîne. » « C'est pour ça que j'ai eu recours à la sérigraphie et à d'autres techniques de reproduction. » « Dans mon travail artistique, la peinture à la main prendrait trop de temps et, de toute façon, ce n'est plus de notre époque. En les employant, je peux apporter l'art à plus de gens. » « Je suis antitache. C'est trop humain. Je suis pour l'art mécanique. » Une exécution propre, sans tache, sans débordement ni bavure, voilà le programme esthétique établi pour la *Factory*, la fabrique collective où, avec ses assistants, Warhol réalisait ses œuvres. C'est ce qui confère à son attitude comme à son œuvre cette indifférence apparente, cette impassibilité, voire cette insensibilité qu'on y a souvent soulignées, soit pour en faire une vertu, soit pour les lui reprocher. Le principe «démocratique» d'égalité se matérialise dans la production de tableaux en série, sur le modèle de la fabrication industrielle : «Je trouve que les tableaux devraient être de même taille et de même couleur de sorte qu'ils seraient interchangeables et que personne n'ait le sentiment d'en avoir un bon ou un mauvais. Et si l'unique "peinture originale" est bonne, toutes les autres sont bonnes aussi. D'ailleurs, même si le sujet est différent, les gens peignent toujours la même peinture. »

C'est l'absence de facture et de manière, de touche et de style personnel, presque de sentiment et d'état d'âme qui est devenue paradoxalement la marque de fabrique de l'entreprise warholienne. C'est le sens de cette déclaration où entre une part, mais seulement une part, d'humour : «Je pense que tout le monde devrait être une machine. Je pense que tout le monde devrait aimer tout le monde. » Le devenir machine de l'homme moderne est ainsi lié à l'amour universel, l'égalitarisme et l'humanitarisme abstrait, indifférencié, qui constituent l'éthique du marché et de la communication universels : le même affect pour tous, c'est-à-dire en fin de compte l'absence d'affect, de relation à quelqu'un ou quelque chose, l'indifférence généralisée qui est désormais devenue la condition de l'homme mondialisé. Ainsi, par cette fusion de l'art et de la production en série propre à l'objet de consommation et aux techniques publicitaires, l'homme est appelé, comme Adorno le soulignait déjà, à « se transformer lui-même en appareil conforme jusque dans ses émotions profondes au modèle présenté par l'industrie culturelle ». Et n'est-ce pas cette machinisation de la vie et du désir, nouvelle forme de la domination lucidement analysée et ironiquement avalisée par Warhol, qui produit en fin de compte cette insensibilité ou «déshumanisation», cette absence d'affects et de pathos, qu'on croit pouvoir trouver chez l'artiste (où elle devient posture, forme esthétique et éthique) ?

... l'indifférence de l'homme moderne au mal...

Cette indifférence à ce que nous faisons, Günther Anders l'a reliée à la puissance technique elle-même, à la machine de production et à la division toujours plus accrue du processus de travail qu'elle implique. C'est le décalage entre notre capacité de production et notre capacité de représentation qui est la source du « monstrueux », de l'irresponsabilité et de l'insensibilité, la racine de l'indifférence de l'homme moderne au mal : « ce que nous pouvons faire désormais (et que nous faisons donc effectivement) est plus grand que ce dont nous pouvons nous *faire une image*; entre notre capacité de fabrication et notre capacité de représentation, un fossé s'est ouvert, qui va s'élargissant de jour en jour. » Condamnés que nous sommes « à nous concentrer sur d'infimes segments du processus d'ensemble », « enfermés dans les phases de travail auxquelles nous sommes affectés, tels des détenus dans leur cellule de prison », « nous ne nous intéressons pas au résultat de notre travail et donc absolument pas à la représentation de son résultat final ». Cela a pour conséquence un défaut de sentiment, une « insuffisance du sentir », qui se manifeste par l'absence de ces sentiments primordiaux où s'enracine la conscience morale : effroi, pitié, respect, mais aussi « sentiment de responsabilité ». Si bien que « quand ce à quoi il serait bien nécessaire de réagir devient démesuré, notre sentir fait alors également défaut ».

Ainsi en a-t-il sans doute été pour la peine de mort, pour laquelle une opinion majoritaire a continué jusqu'au bout à se déclarer favorable ou à faire preuve d'apathie, dès lors que la mécanisation de l'exécution, réduite à une simple opération technique, prise dans l'ensemble du processus de la vie et du travail, la rendait imperceptible. Pour que malgré tout, elle eût été abolie plus tôt, il eût sans doute fallu, comme l'avait déjà bien vu Léon Gambetta (1838-1882), qu'elle restât publique, visible et sensible à tous dans son obscénité : au-devant de la scène, et non pas occultée dans les sous-sols d'une prison d'État. Or il y avait là une impossibilité paradoxale. C'est la production mécanique, instantanée et démultipliée qui a dissipé l'aura liée à la présence ritualisée (le divin) : et c'est aussi ce qui advient avec la mécanisation de l'exécution capitale qui désacralise la mort, fait pratiquement disparaître sa dimension rituelle, cérémoniale, théâtrale, tout ce qui lui conférait, à travers l'horreur, la terreur, ou la jouissance sadique qu'elle inspirait, une dimension archaïque, sacrificielle et religieuse. En tuant mécaniquement, le souverain moderne tue le spectacle et la cérémonie, l'imaginaire de la terreur et la vision fascinée de l'horreur encore attachés à la guillotine par la Révolution ; il lui ôte cette dimension « artistique » fantasmée par Bentham, au bénéfice du modèle technique industriel de l'action efficace. Cette désacralisation aurait pu, et dû, favoriser l'exposition maximale pour laquelle existaient maintenant les moyens techniques de l'assurer. Mais c'est tout le contraire qui s'est produit, en vertu d'une contradiction intenable : car l'exécution n'est pas seulement représentation de la mort, action symbolique, elle est mise à mort réelle, et c'est dans cette mise à mort elle-même qu'intervient désormais la dimension mécanique. Or jamais la mort violente de l'homme ne saurait être ouvertement réduite à une action mécanique, banale, totalement prosaïque, et où il n'y a rien à voir d'autre, sans devenir insoutenable. Elle ne saurait être ramenée à un fait divers du monde, un acte de simple police : c'est justement parce qu'elle emportait quelque chose de sacré qu'elle pouvait et devait être visible, et la perte de l'aura l'a réduite à cette chose misérable qu'elle est en réalité : un meurtre commis de sang-froid. C'est en fin de compte pour ne pas montrer l'exécution capitale dans son dépouillement obscène qu'on a fini par la perpétrer en secret. Et c'est doublement que la mécanisation de l'exécution a fini par rendre invisible cette dernière : d'une part, parce que le processus mécanique produisant instantanément ses effets, le trépas n'est plus la lente agonie d'un corps qu'on maintient en vie pour le faire souffrir, mais l'arrêt instantané et imperceptible d'une vie coupée net, sans histoire ni combat ; d'autre part, parce que réduite à cette stricte opération mécanique, l'exécution se montre pour ce qu'elle est : même plus un sacrifice, un meurtre rituel, juste un assassinat sordide, sans aucune transcendance, perpétré par des hommes qui s'arrogent ce même droit de tuer qu'ils récusent à ceux qu'ils ont condamnés. D'où la nécessité de la tenir au secret : on maintenait l'illusion d'un sacré qui n'aurait pas longtemps résisté au grand jour ; cela a permis à la peine capitale d'être prorogée, avec l'appui du public, pendant près d'un demi siècle, pour notre plus grande honte.

… la dénonciation de ce silence imposé…

L'image photographique de l'instrument mécanique de mort, reproduite sans différence sensible par le procédé mécanique de la sérigraphie cher à l'artiste, a-t-elle en fin de compte comme effet de l'exposer avec plus d'évidence, de montrer ce qui est d'habitude occulté et d'éveiller sensibilité et conscience critique par le spectacle de ce qui doit susciter horreur et répulsion ? Ou, au contraire, n'en annule-t-elle pas la charge en la banalisant, la réduisant à une image parmi d'autres, comme les autres, rendant indifférent ou appelant, tout au plus, à un intérêt esthétique, c'est-à-dire à un plaisir désintéressé ? Sur cet art de surface, le regard ne glisse-t-il pas comme sur une vitre où l'on perçoit le reflet lointain et incertain, déjà évanescent, d'un objet indéterminé ?

Peut-on pourtant sérieusement voir dans cette reproduction mécanique d'une reproduction de la machine à produire et reproduire la mort, l'annulation de toute charge affective ou politique, un jeu gratuit avec des images indifférentes, privées de sens, réduites à de jolis effets de

surface, ou une utilisation cynique de l'image, comme la
publicité y a tendu de plus en plus, ne cherchant à produire un choc qu'à des fins commerciales ? L'art de Warhol
est-il aussi insensible, détaché, apathique et superficiel,
que certains, croyant pouvoir s'autoriser de tels propos de
l'artiste et d'une posture générale, veulent le croire, soit
pour l'exalter, soit pour le déplorer ? Sans doute y a-t-il
quelque chose d'insaisissable et d'indécidable chez lui à
tous les niveaux où on l'appréhende. Loin d'être faiblesse
et inconscience, cette ambivalence en fait cependant la
force et l'intelligence : car c'est celle de la condition
moderne, de l'homme et de l'œuvre à l'ère de la production et de la reproduction mécanique de la vie et de la
mort. Cette *Catastrophe rouge* n'a sans doute pas valeur de
dénonciation, si l'on entend par là un plaidoyer éloquent
contre l'instrument de la barbarie technique. Assurément
l'œuvre ne dit rien. Mais la simple monstration de ce qui
restait non dit et non vu, condamné au silence et à l'obscurité, vaut déjà pour le refus de ce silence imposé, et la
« révélation » photographique des ténèbres qui règnent
autour de l'exécution des condamnés à mort, même, et
peut-être surtout, lorsque leur exécution se fait au vu et au
su de tous.

Le texte

en perspective

Marc-Henri Arfeux

Les mots du texte

Monstre, châtiment, crime

L'INTERROGATION D'ALBERT CAMUS le conduit à rencontrer des notions essentielles, mais souvent mal définies et investies d'une valeur symbolique si diffuse qu'elles relèvent souvent plus de l'imaginaire que de l'exactitude. La peine de mort, plus que toute autre disposition juridique, est entourée de fantasmes qu'il convient de déconstruire dans une analyse rigoureuse des concepts qu'elle appelle sur la scène de la pensée. On le mesure encore aujourd'hui où, malgré l'abolition, ces fantasmes continuent de jouer dans les esprits. Le crime est toujours spontanément associé à la figure du monstre, tant il est vrai que la conscience ordinaire a du mal à comprendre les motivations de la violence meurtrière qu'elle assimile aux pulsions d'êtres exceptionnels dans le mal et, pour cela, étrangers à l'humanité. De même, la notion de châtiment est entourée d'un halo de mystère dû aux passions vengeresses qui accompagnent souvent sa représentation. L'idée de crime n'échappe pas à cette confusion. La conception populaire ne l'entend d'ailleurs le plus souvent que de façon réductrice en l'assimilant au seul acte d'assassiner, alors que la définition juridique du crime va bien au-delà du meurtre de notre imaginaire nourri par la littérature et le cinéma policiers.

1.

Monstre

1. *Anormalité et inhumanité*

La notion de monstre renvoie généralement à un imaginaire peuplé de créatures effrayantes. Le premier sens
du terme désigne des animaux fantastiques et terribles, à
l'image des chimères et des dragons. Mais de façon plus
courante, le monstre illustre une manifestation de démesure et d'anormalité, tant morale que physique, si bien
qu'il est considéré comme une aberration de la nature ou
une forme d'antinature aussi rare qu'effrayante. Il est,
selon l'étymologie latine du mot, un phénomène que l'on
exhibe aux foules venues contempler le spectacle de son
anomalie. L'imagination associe le plus souvent les excès
de sa conformation à des dispositions psychiques propor-
tionnelles : perversité morale, intelligence dévoyée, brutalité et goût de la violence, penchants sexuels « déviants ».
Dans le sens moderne, le monstre est aussi un être humain
habité de pulsions meurtrières sauvages qui le rendent
insensible à la compassion. Cruel, sadique, dépourvu de
considération pour autrui, le monstre représente la figure
de l'inhumanité par excellence. Il incarne alors la notion
de barbarie.

C'est en ce sens qu'apparaît tout d'abord le criminel, à
l'image de l'ouvrier agricole dont le père de l'auteur vient
au début des *Réflexions sur la guillotine* contempler l'exécution publique. L'assassin apparaît comme un monstre en
raison de la sauvagerie de son crime, plus que par le
simple fait d'avoir tué. Infanticide, il semble étranger aux
valeurs et aux sentiments jugés normaux de l'homme ordinaire qui ne peut envisager sans frémir d'horreur la suppression d'une jeune vie innocente. En outre, le « délire
de sang » qui accompagne son acte souligne l'abandon

aux pulsions les plus violentes et suggère un état voisin de la folie. Albert Camus ne nie donc pas l'effroi légitime inspiré par le crime, ni davantage que certains assassinats ont un caractère effroyable. Dans *L'Homme révolté*, Camus s'oppose fermement au nihilisme criminel considéré comme forme supérieure de la révolte. Il critique l'œuvre du marquis de Sade, non pour cette raison que l'écrivain aurait lui-même commis les crimes qu'il dépeint, mais parce qu'il construit à travers ses fictions une discutable morale du meurtre considéré comme mode de contestation des valeurs et comme point d'aboutissement suprême de la jouissance sexuelle. Mais la véritable question est de savoir si la monstruosité du criminel exprime réellement une nature différente qui le rendrait fondamentalement étranger au monde humain.

2. *L'idée d'une monstruosité de nature*

Certaines théories soutiennent explicitement que le crime, comme le génie, s'expliquerait par un dérèglement constitutif, lisible sur les visages et les corps, grâce à certains signes caractéristiques. Le théologien suisse Gaspard Lavater popularise de telles conceptions dès la fin du XVIIIe siècle dans sa théorie de la physiognomonie, ou art de déterminer les qualités et les tares intellectuelles et morales d'un homme selon l'étude de son visage. Il estime possible d'établir une typologie des personnalités à l'aide de critères de mesures mathématiques. Très souvent, le visage humain est identifié de façon grossière à un modèle animal dont il serait la traduction. On devine l'usage raciste qui sera bientôt fait des idées de Lavater. Dès 1807, le philosophe allemand Hegel critique ces théories dans sa *Phénoménologie de l'esprit* : « Il s'agit certes d'une expression, mais en même temps aussi uniquement en tant que *signe*, si bien que ce à quoi ressemble ce qui exprime le contenu exprimé est parfaitement indifférent à ce dernier. Certes, dans cette apparition phénoménale, l'intérieur est un Invisible *visible*, mais sans être rattaché à elle; il peut tout aussi bien être dans un autre phénomène, qu'un autre intérieur peut être dans le même phénomène. Lichtenberg a donc raison de dire : *quand bien même le physiognomoniste mettrait un jour la main sur l'homme, il suffirait à celui-ci d'une seule brave petite décision pour se rendre de nouveau incompréhensible pendant des millénaires.* » Cependant, les thèses de Lavater continuent d'exercer une influence considérable qui se retrouve par exemple dans l'œuvre littéraire d'Honoré de Balzac.

Mais c'est au criminologue italien Cesare Lombroso que la physiognomonie doit de devenir une prétendue science des comportements criminels dans la deuxième moitié du XIXe siècle. Lombroso étudie les crânes de milliers de criminels et pense relever des signes typiques qui le conduisent à bâtir une théorie des prédispositions criminelles. Dans *L'Homme délinquant*, publié en 1876, il soutient la thèse selon laquelle la délinquance serait nettement plus fréquente chez les individus possédant certaines caractéristiques physiques. Le crime ne serait donc pas la résultante de facteurs sociaux et d'un ensemble de circonstances où joue le libre arbitre de l'homme, mais proviendrait de caractères innés. Médecin militaire, Lombroso poursuit ses recherches par l'étude anthropométrique des soldats délinquants et rencontre une vive opposition chez les criminologues adeptes de l'interprétation sociologique. La diffusion de la psychanalyse portera le coup de grâce à sa théorie. Néanmoins, celle-ci exerce une influence indirecte durable dans la mesure où elle vient croiser l'imaginaire social de la monstruosité du criminel en prétendant établir de manière scientifique et rigoureuse l'idée d'une nature meurtrière déterminant le comportement de certains individus. Le monstre est donc porteur de tares dont il n'est finalement pas responsable, ce qui n'empêche pas de le juger avec une sévérité morale et juridique assez contradictoire. Pire encore, malgré les signes physiques de son anormalité, le monstre, en raison même de sa nature exceptionnelle, échappe à la compréhension psychologique : « Beaucoup de "monstres" présentent des visages […] impénétrables. » La noirceur de leur âme est telle, conformément aux signes physiques qui l'annoncent, que nul ne peut la pénétrer pour en extraire l'intelligibilité. Insondable, le monstre est ainsi totalement détaché de l'humain et confirme sur tous les plans, physique et psychologique, l'idée qu'on a de lui, autre thèse née de la pensée de Lombroso, dont la psychanalyse montre pourtant qu'elle n'est qu'un ensemble de concrétions fantasmatiques.

3. *Un élément constitutif de l'humanité*

C'est en se fondant implicitement sur la pensée freudienne que Camus réfute la théorie d'une monstruosité de nature et rappelle que tout homme est habité par un « instinct de destruction ». Il faut comprendre l'usage de la notion d'instinct dans un sens non biologique, mais purement psychique. Il s'agit de ce que Freud nomme la « pulsion de mort », c'est-à-dire une tendance inconsciente qui peut être contrebalancée par la pulsion inverse, tournée vers la vie et la réalisation de soi, et l'activité de notre moi. C'est bien en ce sens que Camus entend la force négative dont nous pouvons être victimes, en montrant que cette attirance vers le danger et la mort s'équilibre le plus souvent grâce au débat intérieur qui nous retient de lui céder. L'auteur nous révèle ainsi que la monstruosité prétendue de certains individus intéresse un fonds commun qu'on pourrait dire anthropologique. De ce point de vue, le criminel n'est pas extérieur à l'humanité. Il en exprime de façon terrible l'un des éléments constitutifs. Le sadisme des bourreaux, celui, plus froid et plus indirect de l'institution judiciaire, l'ambiguïté morale des honnêtes gens indignés qui savourent la mise à mort du coupable mettent en relief la dimension monstrueuse qui sommeille en chaque homme. Par ailleurs, Camus rejoint l'idée kantienne de mal radical, ou mal extrême, comme possibilité de la liberté humaine. C'est bien parce que nous sommes doués de volonté et de la possibilité de choisir que nous pouvons opter pour le mal, y compris sous ses formes les plus barbares, comme le font les États modernes dont Camus dénonce les crimes. En ce sens, il y a bien une monstruosité criminelle, qu'elle soit individuelle ou collective, mais elle est tristement humaine et revêt une signification exclusivement morale. Par ailleurs, le repentir éventuel du meurtrier révèle que la monstruosité morale n'est pas irréversible. L'exemple des regrets de Bernard Fallot en est une preuve éclatante. Peu avant sa mort, celui-ci déclare à un camarade de prison : « Veux-tu que je te dise mon plus profond regret ? Eh bien ! c'est de ne pas avoir connu plus tôt la Bible que j'ai là. Je t'assure que je n'en serais pas là où j'en suis. »

2.

Châtiment

1. *Dimension métaphysique et religieuse*

L'idée de châtiment évoque souvent la juste punition, symbolique ou corporelle, infligée à l'enfant désobéissant. Chacun porte en lui le souvenir personnel ou littéraire de telles sanctions administrées par une autorité souveraine et implacable. On songe, par exemple, à l'usage des châtiments corporels administrés aux enfants dans l'œuvre de la comtesse de Ségur, ou encore aux effets inattendus de ce que Jean-Jacques Rousseau (1712-1778) nomme pudiquement « la punition des enfants » (la fessée) dans ses *Confessions*. En tant que juste rétribution, le châtiment est plus qu'une simple punition : il prend valeur d'expiation de la faute par une souffrance morale et physique et s'apparente ainsi à un rituel sacrificiel. Le titre du roman de Fedor Dostoïevski : *Crime et Châtiment* (1866), contient précisément ce sens, mais appliqué à un adulte criminel, Raskolnikov, dont l'expiation prend la forme d'une sainte terreur et d'un long processus de conversion intérieure. C'est dire que le châtiment n'est pas qu'une punition solennelle. Il possède une dimension métaphysique et religieuse. Même à travers la décision ou le bras armé de l'homme, il témoigne d'une justice divine toute-puissante qui s'abat sans faiblesse. Cette signification spirituelle le place donc au carrefour du légitime et de la vengeance car il peut aussi bien se référer à l'idée de norme positive donnée par une divinité équitable qu'à la simple loi du talion.

2. *Un équivalent de la torture*

Juridiquement, la notion de châtiment équivaut à celle de supplice. C'est bien ainsi que l'entend la justice de l'Ancien Régime qui associe la torture préalable de l'accusé à celle du condamné. Le châtiment est donc une violence présentée comme légitime et nécessaire, idée qui se retrouve après la Révolution dans la mise en place de la peine de mort. Celle-ci, comme le montre Camus, s'apparente d'autant plus à un châtiment qu'elle se présente comme un absolu, le «châtiment suprême», et convient aux individus les plus infâmes, ceux dont on ne saurait espérer une quelconque réhabilitation : «Arrêter qu'un homme doit être frappé du châtiment définitif revient à décider que cet homme n'a plus aucune chance de réparer.» Malgré les apparences de l'usage sémantique moderne qui abandonne le terme «châtiment» et lui préfère celui de «peine», sauf dans l'expression «châtiment suprême», la condamnation à mort se présente de fait comme un acte juridique spécial où éclatent la majesté du droit et sa rigueur morale manifestées au nom de l'indignation de la société. Les notions de châtiment et de peine laissent, de toute façon, entendre la même conception sous des formes diverses : de manière évidente dans le premier cas, à peine voilée dans le second, elles indiquent que la sentence, quelle qu'elle soit, doit provoquer l'affliction du coupable, affliction qui doit être extrême dans le cas des meurtriers. On comprend mieux alors que la justice et la société se soucient fort peu des souffrances morales du condamné à mort. Au contraire, elles les considèrent comme un tribut normal. On peut dire qu'à ce titre, le châtiment commence précisément par la douleur du prisonnier qui passe de l'espoir au désespoir et doit affronter la terrible perspective d'une mort inéluctable bien que non fixée dans le temps. À l'ère de la justice moderne et démocratique née de la Révolution française et de l'adoption de la guillotine, cette souffrance spirituelle et psychique prend la place que tenait la torture sous l'Ancien Régime. De même qu'on faisait souffrir l'âme et le corps par le fer, le feu et l'eau, afin de « préparer le patient », selon l'expression en vigueur, on plonge le condamné dans la douleur en retardant la date de l'exécution, qui pourrait aussi bien intervenir à l'issue du procès, et en s'arrangeant pour la cacher le plus longtemps possible au prisonnier, comme le montre le cérémonial du réveil à l'aube que Camus évoque de manière précise et émouvante : « Pendant les trois quarts d'heure qui le séparent du supplice, la certitude d'une mort impuissante écrase tout. »

3. *Le pacte social et la réhabilitation morale du criminel*

Tout le problème vient de ce que le fantasme de la peine afflictive dissimulant le double supplice du désespoir et de l'exécution ne correspond pas à l'idée juridique de peine telle qu'elle s'est progressivement mise en place depuis le XIXe siècle. La peine n'est plus censée être un

châtiment, comme le voulait encore le droit de l'Ancien
Régime. Elle poursuit désormais plusieurs buts. Le premier est évidemment de mettre le prisonnier hors d'état
de nuire et de protéger la société. Le deuxième est de compenser la faute commise par une réparation qui, quelles
que soient les circonstances, ne peut qu'être de nature
symbolique, par le moyen d'une privation de liberté. Cette
disposition se justifie philosophiquement par le fait que le
condamné a porté atteinte à la liberté d'autrui et, au-delà,
aux fondements civils de la liberté collective. Dans les *Principes de la philosophie du droit*, Hegel précise le sens de cette
conception issue des Lumières et notamment du *Contrat
social* de Rousseau. Selon le philosophe allemand, le
condamné, voleur ou criminel, ne s'attaque pas seulement
à une victime particulière mais, sans y prendre nécessairement garde, à la liberté universelle, telle que le droit civil
la définit et la garantit. La faute remet donc en question
le principe de cette liberté juridique qui commande la
liberté effective des hommes dans la société. En agissant
ainsi, c'est donc sa propre liberté qu'il remet en question
puisque celle-ci est également définie par les lois. Dès lors,
la privation de liberté est le moyen de restaurer le pacte
rompu et, au terme de son incarcération, de garantir au
prisonnier qu'il retrouvera plus que la liberté immédiate
comme pouvoir d'agir, une liberté civile intacte du fait
même de sa condamnation.

Le troisième but de la peine est de permettre la réhabilitation morale du condamné. Ce dernier point est sans
doute le plus important, car c'est autour de lui que se
manifeste la contradiction soulevée par Camus. Dans *Surveiller et punir*, le philosophe Michel Foucault (1926-1984)
insiste sur l'importance accordée dès les Lumières, puis au
cours du XIXᵉ siècle, au relèvement moral du délinquant et
du criminel. En théorie, tout est fait pour que le prisonnier prenne conscience de sa faute, assume sa responsabilité et renaisse à la vie morale et sociale. L'expiation n'est
plus accomplie dans la souffrance physique mais par un

travail intérieur censé conduire à une rédemption. On peut naturellement douter, comme le fait Foucault, de l'efficacité de ce programme, penser qu'il dissimule bien des arrière-plans idéologiques, notamment le projet de produire des êtres soumis à l'ordre social. Il n'en reste pas moins que ce projet engage une orientation qui ne peut souffrir d'exception sans s'autodétruire. Camus, qui estime par ailleurs indispensable l'emprisonnement des criminels et croit dans la possibilité de leur réhabilitation, soulève cette contradiction de façon magistrale quand il fait observer : «Parmi les coupables eux-mêmes, est-on sûr aussi de n'avoir jamais tué que des irréductibles?» Le caractère définitif de la peine de mort ne permet pas à cet enjeu, pourtant majeur dans le droit moderne, de se déployer comme il conviendrait. Exécuté, le coupable est figé dans sa faute et ne dispose plus de la liberté morale qui aurait pu le conduire à s'amender. Privé de tous les possibles, il meurt une seconde fois puisque, désormais, sa mémoire se limitera à la seule dimension monstrueuse de ses actes.

4. *Châtiment et peine*

Camus se situe dans la tradition inaugurée par le juriste Cesare Beccaria, homme des Lumières dont la pensée juridique inspire toute la tradition abolitionniste. Il cite d'ailleurs explicitement l'auteur italien afin de souligner la contradiction centrale des partisans de la peine capitale : «S'il est important de montrer souvent au peuple des preuves du pouvoir, dès lors les supplices doivent être fréquents ; mais il faudra que les crimes le soient aussi, ce qui prouvera que la peine de mort ne fait point toute l'impression qu'elle devrait, d'où il résulte qu'elle est en même temps inutile et nécessaire. »

Dans *Des délits et des peines*, publié en 1764, Beccaria critique la peine de mort, au nom du droit et du contenu spécifique de la notion de peine elle-même. Le juriste italien reconnaît le droit de punir dont la légitimité tient à un pacte social grâce auquel chacun préserve sa liberté. En 1764, année de la publication de *Des délits et des peines*, Rousseau défend la même thèse dans ses *Lettres écrites de la montagne* : « Il n'y a point de libertés sans Lois. » Mais Beccaria va plus loin que Rousseau, car il précise la nature fondamentale de la peine : elle doit en tous les cas être équilibrée et modérée. Ce principe, exposé au paragraphe XV de *Des Délits et des peines*, donne lieu à cette affirmation centrale : « Parmi les peines, et dans la manière de les appliquer en proportion des délits, il faut donc choisir les moyens qui feront sur l'esprit du peuple l'impression la plus efficace et la plus durable et, en même temps, la moins cruelle sur le corps du coupable. » Cette nouvelle conception de la peine contient évidemment en puissance la remise en cause de la peine de mort. Le paragraphe XXVIII est précisément consacré à ce sujet.

Beccaria produit une série d'arguments contre la peine de mort : ce sont déjà ceux de l'inefficacité et du manque d'exemplarité qu'Albert Camus retrouve et développe d'une nouvelle façon. De plus, aux yeux de Beccaria, la peine de mort ne peut avoir le moindre effet car elle s'adresse aux passions violentes qui ne jouent sur l'âme que de manière transitoire, au lieu que la crainte de perdre sa liberté pour toujours est jugée par lui plus efficace : « Pour qu'une peine soit juste, elle ne doit avoir que le degré de rigueur qui suffit pour détourner les hommes du crime. Or, il n'y a point d'homme qui puisse balancer entre le crime, quelque avantage qu'il s'en promette, et le risque de perdre à jamais sa liberté. » Cette démonstration ruine la peine capitale dans la mesure où celle-ci ne respecte pas le principe de justice sans lequel une peine cesse d'appartenir à la sphère du droit pour lui substituer l'arbitraire des passions. La peine ne se définit donc pas par l'excès, mais par le minimum. Elle ne doit pas aller au-delà du nécessaire, selon le type de la faute commise. Albert Camus partage cette conception générale, bien qu'il l'exprime autrement et se soucie, à vrai dire, moins de définir la justesse et la légitimité des peines considérées du point de vue général, que de démontrer l'inanité pratique et morale de la peine capitale.

5. *Une rémanence archaïque*

On voit bien que la peine de mort, comme châtiment, est l'héritage d'une pensée théologique. C'est bien ainsi que l'entend Beccaria dont la pensée a inspiré, dès 1772, puis 1780, l'abolition de la torture en Suède et en France, bien avant la Révolution. Le vocabulaire du droit moderne témoigne d'ailleurs de cette origine religieuse encore incomplètement surmontée en 1957 : comme l'indique Albert Camus, le criminel est en effet « frappé » par la sentence qui décide de son sort, comme le serait le pécheur foudroyé par Dieu. L'auteur cite à cet égard la devise autrefois gravée sur l'épée du bourreau de Fribourg : « Seigneur Jésus, tu es le Juge. » La formule ne signifie pas seulement qu'un ultime jugement, divin celui-ci, aura lieu dans l'autre monde, mais que le premier jugement rendu par les hommes est déjà celui de Dieu. Ainsi, la mise à mort devient bel et bien un acte de justice divine, quel que soit le sort de l'âme au moment où elle comparaîtra devant le Créateur. La sentence ainsi comprise est un châtiment et non une peine au sens moderne. Elle ne diffère pas des châtiments infligés par Dieu dans l'Ancien Testament : la destruction des villes impies, Sodome et Gomorrhe, le Déluge, ou les sept plaies d'Égypte, pour ne citer que quelques exemples de la toute-puissance cataclysmique de la colère divine.

Mais comment justifier le maintien d'une telle inspiration religieuse dans une société agnostique ou athée ? Il faut croire à l'immortalité de l'âme pour justifier, éventuellement, la peine de mort, tout en précisant qu'elle est contraire à la morale évangélique. Dès que la société

s'éloigne de la foi, ce qui est le cas de l'Europe depuis le
XIXᵉ siècle, et entre dans l'époque de ce que Friedrich
Nietzsche nomme « la mort de Dieu », confondre la peine
infligée au criminel avec un châtiment prenant la forme
d'une élimination physique devient insoutenable, à moins
d'une lâcheté, d'une inconséquence ou d'une hypocrisie
de la justice. La seule issue d'une société désacralisée est
donc de supprimer la peine de mort, d'éteindre ainsi le lien
organique de la justice moderne avec l'ancienne conception du châtiment et de faire place à un droit rationnel,
authentiquement démocratique et placé sous le signe des
Lumières et des droits de l'homme.

3.

Crime

1. *Confusions et affects*

La notion de crime fait l'objet des mêmes confusions et
de la même ignorance que les précédentes. Dans l'esprit
de la plupart des gens, le crime se réduit au fait de donner
la mort volontairement, pour des raisons d'intérêt, de
passion ou de sadisme. Mais la conscience commune va
souvent plus loin dans la confusion, mélangeant cette
conception juridique lacunaire avec des significations sym-
boliques plus générales. Ainsi parle-t-on souvent de crime
pour désigner des manifestations, certes odieuses, de haine
et de mépris sans violence physique ni meurtre, d'indifférence et d'égoïsme. On entend en fait par cet usage une
conduite qui transgresse les impératifs de la morale et du
respect d'autrui qu'elle implique. La conscience populaire
tient aussi les actes de fraudes, d'escroquerie ou de mal-
veillance manifeste pour des formes de crime. Ainsi entend-
on souvent dire d'un employeur qui licencie ses employés
de manière abusive ou transfère son entreprise à l'étran-

ger sans prévenir les salariés ni respecter les règles du droit qu'il commet un crime. L'indignation devant de tels actes est sans doute légitime, mais son caractère affectif conduit à user de la notion de crime en dehors des limites précises où l'inscrit le droit.

2. *Définitions du crime*

Le droit français recouvre plusieurs types d'actions sous le concept de crime : l'homicide, prémédité ou non, mais aussi le viol, le vol à main armée, le trafic de drogue ou, plus récemment, le clonage humain, même s'il est à l'heure actuelle encore irréalisable par la science. L'avortement, qui a longtemps été considéré comme un crime, est devenu un délit à l'époque où Camus entreprend de rédiger les *Réflexions sur la guillotine*. Il sera dépénalisé dans le cadre de la loi Veil, en 1974. Il faut enfin mentionner les crimes de guerre et les crimes contre l'humanité que la France intègre également dans son système juridique en vertu de différents accords aux niveaux européen et international. Le fait est que dans la liste des crimes classiques relevant du droit pénal français, Albert Camus retient le meurtre. La raison en est simple : en 1957, il est encore passible de la peine capitale.

Mais l'auteur songe aussi à la notion de crime de guerre et à celle de crime contre l'humanité qui ont été mises en place une dizaine d'années plus tôt, à l'occasion du procès des dignitaires nazis jugés par le tribunal de Nuremberg. Il tisse un lien important entre les crimes individuels relevant du droit pénal classique et ceux des États, portant sur des populations entières, qui intéressent la notion de crime de guerre ou de crime contre l'humanité en raison de leur ampleur et de leur gravité supérieures. C'est un très fort argument en faveur d'une abolition de la peine capitale par un État véritablement démocratique. Camus montre très clairement que la sévérité de la justice envers les meurtriers est d'autant plus grande que les États s'autorisent d'éventuels débordements quand il s'agit de leurs intérêts. Certes, et le philosophe en a bien conscience, la France n'est pas l'Allemagne nazie ni l'Union soviétique stalinienne. Reste que le régime de Vichy, qui avait aboli la République et les institutions démocratiques établies depuis 1870, s'est rendu complice de crimes contre l'humanité pendant l'Occupation en participant à la diffusion de l'antisémitisme et à la déportation des juifs de France par ses lois, l'action de certains responsables de la haute administration et le soutien d'un certain nombre de fonctionnaires de police. En outre, la répression de la révolte de Madagascar donne l'exemple consternant, dans une République refondée après la Libération en 1944, de la violence aveugle de l'État, dans le cadre des mouvements de décolonisation. Camus songe enfin à la guerre d'Algérie et aux opérations dites de « pacification » qui, depuis les premières actions sanglantes du FLN (Front de libération nationale), à l'automne 1954, sèment le trouble dans les esprits.

3. *Dialectique de la nature humaine*

Le problème du crime conduit l'auteur à un premier constat : l'homme est un être naturellement violent chez lequel les passions sont aussi fortes que l'aspiration rationnelle peut le hisser au-dessus de la barbarie, au plan de la plus haute conscience morale. Nous avons déjà vu qu'en la matière Camus fait appel de manière implicite à la pensée freudienne. Mais sa réflexion s'inscrit aussi dans la tradition philosophique. Il sait, en effet, tout comme Thomas Hobbes (1588-1679) et Baruch Spinoza (1632-1677) que l'homme est un être double en lequel les passions égoïstes sont premières, bien qu'il soit aussi capable de rationalité. Sans les lois et les institutions qui organisent la vie civile, l'homme est engagé dans une « guerre de tous contre chacun », selon l'expression de Hobbes (*Léviathan*, livre I, chap. 13), et n'hésite pas à recourir au meurtre pour défendre ses biens ou s'approprier ceux des autres. De même, Spinoza estime que l'homme est, de tous les animaux, le plus cruel et le plus dangereux car le plus intelligent (*Traité des autorités théologique et politique*). Camus partage avec ces deux philosophes la ferme conviction que l'humanité ne peut se constituer sans lois ni, malheureusement, sans un système des délits et des peines qui suppose l'existence de la prison. C'est aussi le sens de sa revendication finale en faveur d'une abolition de la peine capitale par le Code européen. Mais Camus se situe aussi, à certains égards, dans l'héritage du Rousseau du *Discours sur les sciences et les arts* et du *Discours sur l'origine et les fondements de l'inégalité parmi les hommes*. Camus ne partage pas toutes les conceptions de Rousseau, mais il reconnaît que, même si l'homme n'est pas un être innocent par nature, le crime n'est pas sans lien avec la constitution de l'ordre social et les inégalités qui en découlent. Les passages consacrés au rôle de l'alcoolisme et de la misère vont dans le sens d'une telle interprétation, relayée par la sociologie criminelle. Sa position est d'une grande force dialectique dans la mesure où il comprend que l'homme possède en lui des pulsions meurtrières, au-delà de la simple satisfaction de ses intérêts égoïstes, et articule ce fait aux causes socioculturelles, voire politiques, favorables à l'expression de ces mêmes pulsions. Ce faisant, il traite le problème du crime avec dignité en rappelant que si l'honnête homme raisonnable éprouve immanquablement des appétits meurtriers, le criminel est aussi susceptible de raison et de moralité.

4. *Un crime moral*

L'auteur constate également, comme nous l'avons vu, que la sanction pénale du meurtre par un crime légal ne résout rien. En dehors de sa nature vengeresse, la peine capitale fait problème en ce qu'elle éteint le mal par un exemple symétrique et ne peut donc créer la réparation morale qu'elle avait l'ambition d'atteindre. La problématique du crime nous conduit donc à une anthropologie morale et politique que Emmanuel Kant (1724-1804) n'aurait certainement pas désavouée. L'homme est bien cet être pulsionnel et raisonnable qui n'a d'autre choix, s'il veut construire ce que Freud appelle la « civilisation », que de contraindre ses institutions, ses règles et ses pratiques à se conformer à un idéal de raison. Alors, il peut espérer progresser et cheminer vers la paix. S'il refuse au contraire de répondre à cette exigence, il ne peut produire qu'un simulacre de bonne volonté morale dissimulant la plus horrible violence. Il est par exemple frappant de constater que les magistrats qui ordonnent la mise à mort d'un homme le font selon des principes, tout en sachant très bien dans le secret de leur conscience que les exécuteurs et les foules puisent une satisfaction morbide à l'élimination du criminel, et donc dérogent de fait à la tentative de faire de la peine capitale un exemple de moralité civile irréprochable. Camus en veut pour preuve l'acharnement avec lequel la justice cherche à occulter l'horreur de la peine de mort, depuis l'invention de la guillotine, jusqu'à la décision de tenir le public loin de la scène de l'exécution. Mais, outre qu'elle est hypocrite, cette volonté de camouflage est une violence supplémentaire. En attestent les récits édifiants par lesquels on cherche à recouvrir d'un voile pudique la réalité de la peine capitale et la phraséologie officielle qui la désigne en creux. Or, Camus en est admirablement conscient, il s'agit là d'un crime moral, celui des États qui se croient autorisés à mentir pour le bien général, tout en sacrifiant des vies humaines, fussent-elles celles de meurtriers notoires envers lesquels nul ne peut raisonnablement éprouver la moindre sympathie.

Pour prolonger la réflexion
d'Albert Camus
à travers plusieurs genres

Fiction :

L'Étranger, Folioplus classiques n° 40.
La Peste, Folioplus classiques n° 119.
Noces, suivi de *L'Été*, Folio n° 16.
La Chute, Folioplus classiques n° 125.
Le Premier Homme, La bibliothèque Gallimard n° 160.
L'Exil et le Royaume, nouvelles, Folio n° 78.

Théâtre :

Caligula, suivi de *Le Malentendu*, Folio n° 64.
L'État de siège, Folio théâtre n° 52.
Les Justes, Folio n° 477.

Essais :

Le Mythe de Sisyphe, Folio essais n° 11.
Lettres à un ami allemand, Folio n° 2226.
Actuelles. Écrits politiques : I. *Chroniques 1944-1948*. II.
Chroniques 1948-1953, Folio essais n° 305.
Chroniques algériennes 1939-1958, Folio essais n° 400.
L'Homme révolté, Folio essais n° 15.
Discours de Suède, Folio n° 2919.

L'œuvre dans l'histoire des idées

Un combat humaniste

LES *RÉFLEXIONS SUR LA GUILLOTINE* s'inscrivent dans une longue tradition de méditation et de combat en faveur de l'humanisation des sociétés et de la justice qu'elles construisent et réforment sans cesse au cours de leur histoire. Cette tradition s'enracine dans la philosophie des Lumières et dans l'humanisme hérité de la Renaissance. Elle agit au nom d'un idéal de raison et d'équité capable de prendre en considération la nécessité de punir les criminels, sans pour autant s'abandonner à la contradiction d'une violence meurtrière confondue avec la manifestation d'une justice exemplaire. Or, la revendication d'Albert Camus, jointe à l'essai d'Arthur Koestler, *Réflexions sur la pendaison*, et à celui de Jean Bloch-Michel, *La Peine de mort en France*, sous le titre général : *Réflexions sur la peine capitale*, se heurte à une double résistance séculaire. La peine de mort a été considérée dans la plupart des sociétés comme un moyen efficace et légitime de sanctionner les crimes. En rédigeant les *Réflexions sur la guillotine*, Camus, à la suite de Koestler en Angleterre (où la peine de mort restait en vigueur) et face à l'urgence éthique et humaine de la situation, entreprend de déconstruire la fausse évidence de la peine capitale en s'attaquant aux fondements qui cherchent à la justifier.

1.

Les justifications sociales
de la peine de mort

Face à la barbarie du meurtre, la peine de mort est souvent présentée comme une juste rétribution qu'aucune commutation en peine d'emprisonnement à perpétuité ne saurait remplacer. Elle exprime de façon institutionnelle et ritualisée, à travers le supplice éventuel et la mise à mort du condamné, l'horreur qu'inspire le crime à la société tout entière. En cela, elle donne une forme codifiée aux passions individuelles et collectives et peut apparaître comme une tentative illusoire de hisser l'irrationalité du désir de vengeance au niveau d'une justice transcendante, réfléchie, impartiale et porteuse d'une authentique moralité. C'est précisément contre cette thèse qu'Albert Camus prend la parole. Dès l'ouverture de son étude, il remet en cause la justification majeure que la société donne à la peine capitale : celle-ci permettrait de prévenir la violence et d'assurer la paix civile en donnant à voir un véritable rituel, capable d'effrayer les criminels et de décourager leurs projets.

1. *Fonction cathartique de la violence d'État*

LE « MONOPOLE DE LA VIOLENCE D'ÉTAT »

Si Albert Camus discute à juste titre l'exemplarité de la peine de mort et ses effets ambigus sur les spectateurs, il comprend aussi qu'elle relève d'une volonté de contrer les pulsions criminelles par une exhibition institutionnelle de la violence ou, à défaut, par une légitimation juridique de celle-ci comme remède social administré au meurtre, ce mal social par excellence. Elle aurait donc un rôle cathartique, rejoignant en cela les fondements du théâtre tragique tel que l'analyse le philosophe grec Aristote dans la *Poétique* : le spectacle de passions violentes sur la scène permettrait au spectateur de se purger de ces mêmes passions présentes en lui. Mais comment expliquer cette *catharsis*, dont l'auteur analyse la duplicité cruelle, les contradictions insoutenables et l'échec patent ? Ou bien : comment comprendre l'affirmation, par ailleurs brillamment réfutée par l'auteur, selon laquelle la peine de mort posséderait une exemplarité de fait ?

L'analyse des effets ambigus de la peine de mort et de l'ambivalence fondamentale de l'âme humaine révèle en filigrane la signification profonde de cette violence d'État. Le châtiment suprême est un moyen de détourner l'attention des citoyens qui oublient les sources sociales et politiques de la criminalité, tout comme les meurtres de masse ordonnés par les États, sous forme de guerres ou de répressions. Camus rappelle à dessein que l'exécution à laquelle assiste son père a lieu quelques mois seulement avant le début de la Première Guerre mondiale, où celui-ci devait mourir sur le sol d'une métropole qu'il connaissait à peine. Cela revient à dire que par la peine capitale, l'État s'approprie « le monopole de la violence », selon la formule du philosophe et sociologue Max Weber (1864-1920). Mais on aurait tort de penser que ce « monopole de la violence » n'exprime qu'une hypocrisie politique. Camus le sait bien, qui se refuse à l'angélisme d'un humanisme sentimental et n'oublie pas l'indignation légitime de son père devant le massacre d'enfants par un criminel sans pitié.

Si la société demande et obtient de la justice que les criminels soient exécutés, c'est aussi qu'elle demande aveuglément à se purger de sa propre violence et se souder en une seule unité homogène, celle des honnêtes gens épouvantés par le criminel, édifiés par le rituel de sa destruction. Le philosophe et anthropologue René Girard (né en 1923) a finement analysé l'essence de ce comportement dans *La Violence et le Sacré* (Grasset, 1972) et *Le Bouc émis-*

saire (Grasset, 1982). Sous différentes formes qui peuvent aller du sacrifice religieux au rituel judiciaire, les sociétés humaines ont besoin de se ressouder périodiquement, afin d'échapper aux forces destructrices qui les travaillent. La désignation d'une victime émissaire permet de déplacer la violence individuelle et collective et de la fixer sur un symbole. Le bouc ou l'agneau sacrifié au Dieu de l'Ancien Testament, le traître à sa patrie fusillé par un peloton d'exécution, le contre-révolutionnaire et le criminel guillotinés en place publique devant le peuple assemblé sont autant de figures de la victime émissaire, incarnée selon les usages et les fantasmes de chaque époque. Bien évidemment, cette incarnation est d'autant plus assurée de porter ses fruits que la victime est en même temps coupable et que sa culpabilité, démesurée aux yeux de ses juges et du public, exprime une sorte d'antinature effrayante. Le condamné à mort joue donc le rôle de catalyseur prétendument légitime : on comprend mieux la raison pour laquelle Camus stigmatise l'ambiguïté d'une société qui veut à la fois maintenir la peine de mort et la camoufler : « En effet, il faut tuer publiquement ou avouer qu'on ne se sent pas autorisé à tuer. Si la société justifie la peine de mort par la nécessité de l'exemple, elle doit se justifier elle-même en rendant la publicité nécessaire. »

LA PEINE DE MORT : UNE FAUSSE SOLUTION

Comment la peine capitale peut-elle jouer son rôle cathartique fondamental si elle se dissimule et si les institutions qui lui apportent leur caution juridique et morale semblent douter de sa valeur et de sa signification aux yeux de la foule ? La remarque de Camus n'exprime en rien un recul de sa propre position. L'auteur n'a aucune illusion sur la purgation de la violence par le théâtre de la peine capitale. Il pense que, comme tout détournement de la violence cachée de l'État et des individus qui exigent la tête du criminel, la *catharsis* par le châtiment suprême n'est jamais efficace. Non seulement elle ne supprime pas la tentation du crime, mais, loin de purifier les foules, elle ne fait qu'entretenir le goût irrationnel pour la violence outrancière. En ce sens, la position de Camus au sujet de la peine de mort va dans le sens des analyses beaucoup plus générales de René Girard. L'homme porte en lui trop de passions et de hantises pour que le sang versé d'un criminel puisse transformer sa nature. Les sacrifices sanglants appellent le sang et ne constituent qu'une fausse solution. C'est la raison pour laquelle, note René Girard, le régime des sacrifices n'a cessé de se réformer au cours de l'Histoire, comme en témoigne le récit biblique du sacrifice d'Isaac, dans lequel Dieu substitue une victime animale à la victime humaine, en attendant que le Dieu des chrétiens n'endosse à son tour le rôle victimaire et ne propose un sacrifice purement symbolique par le rituel de l'eucharistie.

Le but de Camus n'est pas ici de mener une réflexion si générale. L'urgence éthique et humaine le conduit à se limiter au seul problème qu'il s'est proposé de traiter. Pour autant, le philosophe a pressenti les fondements anthropologiques de la violence judiciaire. Mieux encore, il n'ignore pas que la peine capitale s'appuie à l'origine sur une conception théologique du monde, du mal et de son expiation.

2. *Un rituel contestable*

En dépit de l'occultation moderne qui la gouverne, la peine capitale renvoie d'abord à sa mise en scène publique. Les *Réflexions sur la guillotine* s'ouvrent par l'évocation d'une exécution capitale d'autant plus importante aux yeux de l'auteur qu'elle intéresse son histoire familiale : son père, Lucien, assiste à l'exécution d'un assassin sanguinaire. Ce dernier fait figure de monstre pour avoir massacré sauvagement une famille de fermiers. Le père de l'auteur, homme pourtant doux et respectueux de la vie, ne peut retenir son indignation devant un tel meurtre et partage l'opinion générale selon laquelle « la décapitation était une peine trop douce ». Comme le fera plus tard son double romanesque Henry Cormery dans *Le Premier Homme*, Lucien Camus « se leva dans la nuit pour se rendre sur les lieux du supplice, à l'autre bout de la ville, au milieu d'un grand concours de peuple ». Mais, confronté à la réalité de l'exécution, il ne peut supporter ce qu'il voit, rentre précipitamment et, faute de trouver moyen d'exprimer son épouvante, il « se mit tout à coup à vomir ». L'auteur commente ainsi la réaction de son père : « Au lieu de penser aux enfants massacrés, il ne pouvait plus penser qu'à ce corps pantelant qu'on venait de jeter sur une planche pour lui couper le cou. » Lucien Camus n'est pas le seul témoin d'exécutions capitales à ressentir un dégoût violent et à découvrir la véritable signification de la peine de mort. Les *Réflexions sur la guillotine* mentionnent d'autres exemples du même genre. Cependant, si les spectateurs de tels châtiments s'avèrent plus souvent fascinés par le sang versé, un tel mouvement d'horreur montre à lui seul que la peine capitale est un rituel de l'effroi.

D'autres philosophes se sont arrêtés à cette fonction théâtrale. De façon significative, Michel Foucault consacre les premières pages de *Surveiller et punir* (1975) à la relation du supplice infligé en 1757 à Robert-François Damiens pour tentative de régicide sur la personne de Louis XV. Certes, la période choisie est différente, et la conception de la mise à mort relève d'une théologie, dans la mesure où l'ordonnance du supplice exprime sa fonction sacrée. L'effet produit est cependant le même. La Révolution française a beau simplifier et démocratiser le rituel de la mise à mort, l'installation de la guillotine au centre de Paris transforme la place de l'Hôtel-de-Ville en théâtre de plein air et fait de l'échafaud l'équivalent d'une scène suffisamment élevée pour que l'exécution puisse être visible de toutes parts. Le condamné doit monter les marches, tel un acteur ou un célébrant, faire face à la foule qui peut le

contempler sans risque et entrer en contact avec son infamie réelle ou supposée, avant que le bourreau et ses assistants ne le fassent basculer et n'actionnent le mécanisme.
En 1793-1794, nombre de condamnés célèbres s'adressent à
cette foule et prononcent d'ultimes paroles inscrites dans les
mémoires. Que ces formules soient réelles ou légendaires,
comme l'apostrophe de Danton au bourreau : « Tu mon-
treras ma tête au peuple, elle en vaut la peine », elles parti-
cipent, elles aussi, du rituel dont le condamné est le centre.

Le journal de bord tenu par Charles-Henri Sanson, bourreau pendant toute la Révolution, fourmille d'exemples et
d'anecdotes à cet égard. Il évoque notamment le courage
des Girondins qui chantent la *Marseillaise* sur l'échafaud,
le calme impressionnant de Louis XVI, la beauté de Charlotte Corday, dont la tête tranchée l'aurait prétendument
fixé avec « une douceur pénétrante » (Camus donne une
tout autre version du supplice de la meurtrière de Marat :
« la face suppliciée de Charlotte Corday avait rougi, dit-
on, sous le soufflet du bourreau »). Dans un accès de
lyrisme morbide, Sanson mentionne encore l'hystérie des
spectatrices du premier rang qu'il nomme « lécheuses de
guillotine ». L'idéalisation de ces récits participe aussi du
théâtre de la peine capitale, dont Camus nous montre
d'emblée, par l'exemple de son père, l'envers abominable. Même l'occultation du châtiment suprême derrière
les murs de la prison ne parvient pas à effacer la dimension rituelle de l'acte, fût-elle honteuse, comme le souligne l'auteur. Ainsi, le choix du petit jour, l'irruption du
directeur de la prison et de ses assistants dans la cellule, la
présence d'un aumônier chargé d'obtenir d'ultimes aveux
ou un repentir *in extremis*, la toilette destinée à préparer le
cou du prisonnier, la translation de ce dernier vers la cour
où l'attend l'échafaud, le public restreint et choisi qui
assiste à l'exécution : tous ces actes, soigneusement dési-
gnés par Camus comme autant d'éléments d'une épreuve
inhumaine, confirment que la peine de mort est bien un
théâtre de la cruauté judiciaire, quels que soient ses modes

de manifestation. Mieux encore, Camus n'ignore pas que la peine capitale s'appuie à l'origine sur une conception théologique du monde, du mal et de son expiation.

2.

Les contradictions philosophiques et juridiques de la peine de mort

La peine de mort est souvent présentée par ses défenseurs comme une forme authentique et nécessaire de la justice. Elle serait la seule rétribution possible de certains actes particulièrement graves et, indépendamment de son caractère exemplaire, reposerait sur une incontestable moralité. Cependant, derrière cette affirmation générale, peuvent se lire plusieurs séries de contradictions qui tiennent précisément aux justifications théoriques du châtiment suprême. Celui-ci s'enracine dans des conceptions théologiques anciennes et suppose d'inébranlables convictions religieuses. L'exécution d'un condamné serait préférable à la perte de son âme, et la justice des hommes ne serait qu'une institution intermédiaire entre le criminel et Dieu. Albert Camus discute cette thèse afin de souligner son peu de valeur dans une société caractérisée par le scepticisme et la perte du sacré. Mais une autre justification théorique de la peine de mort émane de la pensée juridique elle-même. Face à l'absolu du meurtre, l'exigence de réparation et de proportionnalité conduirait de manière logique à reconnaître et affirmer l'irremplaçable vertu du châtiment suprême. Sur ce point encore, l'auteur émet de sérieuses réserves. Il fait apparaître l'injustice de la société qui condamne en oubliant son rôle indirect dans les vocations criminelles et sa propre tendance à justifier, voire à imposer le meurtre et la violence au nom des intérêts d'État. De plus, la peine de mort ne peut revendiquer la justice qu'à une seule condition : l'impossibilité de toute erreur judiciaire, la certitude que le criminel est à jamais irréductible. Or, comme il le montre aisément, ces conditions sont loin d'être remplies.

1. *Les fondements théologiques de la peine de mort*

« UNE PEINE RELIGIEUSE »

À l'origine, la peine de mort s'appuie sur des bases religieuses. Enracinée dans le désir de vengeance que connaissent tous les hommes, elle est intégrée dans de nombreuses cultures à des codes impératifs, comme la loi mosaïque du talion. Le principe de tels codes répond à une exigence compréhensible. Il s'agit de tenir compte des passions humaines et d'apporter satisfaction aux victimes en canalisant l'irrationalité de la vengeance individuelle grâce à un système universel de châtiments proportionnels aux fautes commises. Poser en principe la symétrie de l'offense et de sa réparation serait donc un moyen efficace de faire justice. Mais la loi du talion implique une autre dimension : celle de l'absolu divin. Moïse n'est pas le créateur de cette loi, mais l'institue au nom de Dieu qu'il représente. Camus fait observer que « le châtiment suprême a toujours été, à travers les siècles, une peine religieuse ». Celle-ci est donc infligée par des personnages sacrés, qu'il s'agisse d'un prophète comme Moïse, de souverains chrétiens ou de prêtres. Prophètes, monarques et ecclésiastiques représentent le divin sur la terre. Les sociétés qu'ils guident et dirigent forment avec eux une totalité mystique reliée au monde céleste, si bien que toute atteinte à cet ordre apparaît comme un attentat contre l'ordre voulu par Dieu. On trouve un exemple significatif de cette conception dans *Macbeth* (1606), de William Shakespeare, où l'assassinat du roi Duncan par Macbeth équivaut à un blasphème et engendre une série de catastrophes cosmiques.

JUSTICE HUMAINE ET JUSTICE DIVINE

Cette conception religieuse peut d'autant mieux justifier la peine de mort que celle-ci n'est pas une fin dernière. En retirant la vie terrestre au criminel, la société ne le jette pas dans le néant et ne lui retire pas non plus toute chance de rédemption. Condamné, il n'est donc pas pour autant voué à la damnation éternelle, dans la mesure où l'ultime justice, celle de Dieu, n'a pas encore prononcé son arrêt. L'exécution n'est dans cette perspective qu'une étape relevant de la seule décision humaine, tandis que la décision finale revient au créateur. Son jugement à venir est d'ailleurs indéfinissable. Il peut aussi bien confirmer la sentence terrestre en l'appliquant à l'âme précipitée aux enfers que l'infirmer en accordant son pardon. L'intérêt d'une telle justification est double : d'une part, comme le fait observer Camus, le châtiment infligé par la justice humaine se justifie pleinement du fait qu'il n'est pas suprême ; d'autre part, son excès ou son erreur éventuels n'ont plus d'importance puisque le créateur, source de toute vie, comme de tout salut, a toujours le dernier mot. Ignorant par nature le contenu de l'appréciation divine, les juges n'ont pas à se soucier des imperfections qui entachent peut-être leurs décisions et en sont excusés d'avance.

Comme le fait remarquer Camus, «l'Église catholique a toujours admis la nécessité de la peine de mort», ajoutant qu'elle «l'a infligée elle-même, et sans avarice, à d'autres époques». En effet, des théologiens éminents comme saint Augustin (354-430) et saint Thomas d'Aquin (1225-1274) apportent des justifications théologiques sans équivoque à la peine de mort. Le premier en revendique la nécessité afin de sauver les âmes plutôt que les corps. Le second la légitime par une définition de l'origine de toute autorité humaine, notamment celle des princes : « Elle est un instrument de Dieu pour te conduire au bien. Mais crains, si tu fais le mal ; car ce n'est pas pour rien qu'elle porte le glaive : elle est un instrument de Dieu pour faire justice et châtier qui fait le mal. » Camus attribue la justification de la peine de mort aux Pères de l'Église, et plus directement au premier d'entre eux, saint Paul (Ier siècle), qui, en établissant la certitude dogmatique de l'immortalité de l'âme, permet de légitimer la destruction des corps. À l'époque de la rédaction des *Réflexions sur la guillotine*, la théologie de la peine de mort n'a rien cédé de ses positions, malgré le recul progressif de la foi, puisque le pape Pie XII, commentant un passage de la Bible, déclare encore en 1955 aux juristes catholiques : « Ce verset a une valeur durable et générale. Il se réfère au fondement essentiel du pouvoir pénal et de sa finalité immanente. »

CONTRADICTIONS INTERNES

Camus déconstruit aussitôt les justifications théologiques de la peine de mort. L'enseignement du Christ s'oppose à une telle conception de la justice, en vertu d'une loi d'amour et de pardon que l'Église a souvent trahie dans l'histoire, par exemple dans l'Espagne du XVIe siècle, soumise aux persécutions de l'Inquisition. La peine de mort prononcée au nom de Jésus constitue finalement un sacrilège. Il en veut pour preuve l'attitude de l'empereur romain Julien (331-363), élevé dans le christianisme puis converti au paganisme, qui interdisait de confier des « charges officielles aux chrétiens parce que ceux-ci refusaient systématiquement de prononcer des condamnations à mort ou d'y prêter la main ». Mais l'argument le plus décisif concerne l'état de la société moderne, née des Lumières et de la diffusion du rationalisme démocratique. Le juge athée, sceptique ou agnostique « se place sur le trône de Dieu, sans en avoir les pouvoirs et d'ailleurs sans y croire ». La peine infligée au condamné ne se soutient donc plus que par une absurde obéissance aux conventions et traditions d'une époque révolue, sans souci de sa contradiction intérieure, puisqu'elle n'en continue pas

moins à dépêcher un prêtre chargé de convertir le coupable à l'ultime instant.

2. *La secrète injustice de la justice*

LE PRINCIPE DE PROPORTIONNALITÉ, UN CRITÈRE JUSTE ?

La peine de mort a toujours revendiqué sa légitimité
dans une théorie de la juste rétribution des fautes. Depuis
Aristote (384-322 av. J.-C.), le problème fondamental de la
justice est de répondre au problème de la réparation proportionnelle. Le bon législateur veille à ce que le délinquant et le criminel payent la dette qu'ils ont contractée
envers la victime et la société. Une telle vision repose sur le
principe d'une inaliénable différence entre la victime, la
société et le fautif. Si l'innocence de la victime va de soi,
celle de la société semble moins évidente. Camus ne prétend pas excuser le meurtre par le jeu d'un simple déter-
minisme socioculturel. Il sait bien que le mal existe dans
l'homme et que celui-ci ne peut se soustraire à sa responsabilité, mais il n'ignore pas non plus que la misère et l'alcoolisme augmentent la propension à la violence. Il analyse
en profondeur le problème de l'alcool, souvent lié à celui
de la pauvreté, dans la mesure où l'État est pour lui complice des producteurs de vin et d'apéritifs qui inondent le
marché. L'insistance sur ce point se comprend mieux si
l'on songe qu'à l'époque aucun dispositif juridique destiné
à lutter contre la consommation d'alcool n'existe encore
en France. L'alcoolisme est un véritable fléau national qui
sévit dans toutes les couches de la population, mais affecte
plus gravement les classes sociales les plus pauvres. Camus
s'appuie sur des statistiques établissant de façon claire le
rôle de l'alcool dans les actes de violence et les meurtres et
relève qu'une très forte proportion des condamnés et
délinquants souffrent d'alcoolisme chronique. En stig-
matisant l'incurie, voire la complicité de l'État dans ce
domaine, comme dans celui du logement, il brouille, non

sans raison, la frontière entre innocence et culpabilité. De plus, le crime n'est pas seulement l'affaire d'individus dévoyés qui s'arrogent droit de vie et de mort sur leurs semblables. Les sociétés modernes ont souvent élevé le crime au rang de moyen, voire de fin en soi. Cette tendance, loin de s'atténuer au fil de l'histoire, s'est développée dans des proportions inédites au cours de la première moitié du xxᵉ siècle.

LA TENTATION DU NIHILISME

Acteur, victime et témoin de ce désastre, puisqu'il a perdu son père en 1914 et a participé à la lutte contre les nazis au cours de la Deuxième Guerre mondiale, Albert Camus n'ignore pas les horreurs des conflits, des révolutions et des idéologies de son époque. Son expérience de l'histoire récente l'autorise pleinement à écrire que «le nombre des individus tués directement par l'État a pris des proportions astronomiques et passe infiniment celui des meurtres particuliers». C'est au point que les sociétés et les individus sont désormais en droit de se défendre contre l'État, quel que soit le modèle politique auquel celui-ci se réfère. Dès lors, comment l'État pourrait-il justifier la peine de mort et exiger la reddition morale et concrète des criminels, lui qui ne cesse de tuer et condamner sans la moindre compassion ? Camus est d'autant plus inquiet de cette contradiction qu'elle va bien au-delà de la confusion du juste et de l'injuste : elle engendre l'ignominie et déprave les mœurs en donnant l'exemple d'un faux droit de faire souffrir et de tuer. De ce point de vue, nulle idéologie n'est innocente : les crimes de la collaboration engendrent ceux de la Libération, l'utopie d'un monde sans classes transforme l'aspiration à la liberté en haine sanglante, la lutte contre les barbaries totalitaires n'empêche en rien la brutalité coloniale. Aux yeux du philosophe, une véritable maladie spirituelle s'est donc emparée de l'Europe, incapable de construire d'authentiques valeurs de civilisation. Il appelle de ses vœux un acte de refondation morale : l'Europe ne peut se reconstituer qu'en dépassant la tentation du nihilisme qui l'a conduite à sa perte. C'est pourquoi il estime nécessaire que le premier article du futur Code européen abolisse solennellement la peine de mort.

3. *La démesure des certitudes*

L'IMPOSSIBILITÉ DE LA CERTITUDE ABSOLUE

L'un des principaux motifs d'opposition à la peine de mort tient à la démesure des certitudes appliquées à l'exercice de la justice. La première de ces certitudes concerne la vérité issue des procès. Comme le fait remarquer Michel Foucault dans *Surveiller et punir*, la justice a toujours eu la religion des aveux afin d'établir la valeur de ses décisions. Simultanément, le rituel des cours d'assises (la juridiction compétente pour les crimes : assassinat, meurtre, viol) a pour but, en démontrant la culpabilité du criminel, de persuader chacun de la clairvoyance et de la puissance de pénétration infaillibles des institutions judiciaires. Bien avant Foucault, Camus s'attaque à ce mythe et souligne que la certitude des juges n'est pas en soi un argument. Un condamné peut être innocent en dépit des preuves et des témoignages qui l'accablent. Or, la peine de mort constitue une sentence absolue et, par conséquent, irrécupérable. L'auteur cite le cas d'un condamné américain, Burton Abbott, qu'une grâce tardive, due aux doutes, n'avait pu sauver de la mort parce que l'exécution avait déjà commencé au moment où la Commission des grâces appela le directeur de la prison. Un tel fait n'a rien d'exceptionnel dans la mesure où d'autres affaires anciennes ou récentes abondent dans les annales judiciaires, au point où dès 1860, le juriste d'Olivecroix estimait « qu'environ un innocent était condamné sur deux cent cinquante-sept cas ». Plusieurs pays, dont l'Angleterre et la Belgique, en ont déjà tiré les conséquences au moment où

Camus écrit ses *Réflexions sur la guillotine*. Si une condamnation à la prison peut toujours être levée en cas d'erreur judiciaire, la peine de mort prive à jamais le condamné de tout recours et le laisse périr dans la pire des souffrances : celle de l'innocence bafouée.

LA POSSIBILITÉ DE RÉDEMPTION MORALE

Quand bien même la culpabilité serait avérée, la certitude des juges équivaut à nier toute rédemption morale du condamné. Elle part du principe que l'irréductibilité de sa nature criminelle est acquise. Or, comme le montre Camus, cette thèse n'est pas soutenable. De célèbres exemples individuels, comme celui de Bernard Fallot, ancien criminel au service de la Gestapo, repenti après sa condamnation, invalident cette conception. Mais, d'une manière plus générale, il réfute l'idée d'une irréversibilité du mal et se place de ce point de vue dans la lignée de Jean-Paul Sartre (1905-1980). Comme l'auteur de *L'existentialisme est un humanisme*, Camus ne croit pas que l'homme se définisse *a priori* par un fonds immuable. Chacun d'entre nous est capable de mal et commet des fautes plus ou moins graves qu'il a cependant la possibilité de reconnaître et de racheter en s'efforçant « d'ajouter à la somme » de ses actions « un peu du bien qui compensera en partie le mal » dont il s'est rendu coupable. C'est pourquoi l'auteur estime fondamentalement injuste une peine qui ne laisse pas au criminel la possibilité de la rédemption morale, même si elle semble *a priori* incertaine. Une telle position constitue un fort argument en faveur de l'abolition. Elle illustre encore une forme de pensée qu'il convient de définir par le lien à la tradition humaniste, revisitée toutefois à la lumière des expériences modernes et de la philosophie camusienne de l'absurde.

Vers l'abolition de la peine de mort : les temps forts

La peine de mort avant la Révolution française

Avant 1791, la France a connu de multiples modalités d'application de la peine capitale, selon le crime et la condition du condamné : la décapitation à l'épée ou à la hache était réservée aux nobles, la pendaison aux voleurs, le bûcher aux hérétiques, la roue aux bandits de grand chemin.

L'adoption de la guillotine

Le premier débat officiel sur la peine de mort en France a lieu le 30 mai 1791, par la présentation d'un projet de loi visant à l'abolir. L'Assemblée nationale constituante refuse, mais, dans une loi du 6 octobre 1791, supprime la torture et uniformise la méthode d'exécution par la guillotine. Seuls les militaires font exception à la règle : ils seront fusillés pour les crimes commis dans l'exercice de leurs fonctions. Le 26 octobre 1795, la Convention nationale abolit la peine capitale, mais seulement « à dater du jour de la publication de la paix générale ». En jouant de cette clause, Napoléon parvient à la faire rétablir, bien qu'elle n'ait de fait jamais été abolie, le 12 février 1810.

Le décret Crémieux

Le décret d'Adolphe Crémieux du 25 novembre 1870 réforme l'usage de la guillotine en supprimant l'échafaud sur lequel elle était dressée. Il uniformise aussi la charge de bourreau : il ne restera plus qu'un « exécuteur en chef » pour tout le territoire national, assisté par cinq « aides ». L'Algérie, alors française, conservera une équipe d'exécuteurs jusqu'à son indépendance en 1962.

Les tentatives manquées d'abolition : 1906-1908

Des tentatives d'abolition de la peine capitale ont lieu à plusieurs reprises, mais restent sans effet en raison de la pression de l'opinion publique. En 1906, la Commission du budget de la Chambre des députés vote la suppres-

sion des crédits pour le fonctionnement de la guillotine. Ce vote vise à empêcher la procédure d'exécution
des condamnés. À partir de 1906, le président de la
République Armand Fallières, partisan de l'abolition de
la peine de mort, gracie systématiquement tous les
condamnés à mort. L'année suivante, la grâce accordée
à Soleilland, meurtrier d'une petite fille, est dénoncée
par une violente campagne de presse. Deux ans plus
tard, Aristide Briand, garde des Sceaux du gouvernement Clemenceau, soumet aux députés un projet de loi
visant à abolir la peine de mort. Malgré l'appui de Jean
Jaurès, qui s'oppose à Maurice Barrès, ce projet est
repoussé le 8 décembre. Les exécutions capitales repren-
nent dès 1909. Le 24 juin 1939, le président du Conseil
Édouard Daladier promulgue un décret-loi abolissant
les exécutions capitales publiques, après le scandale de
l'exécution d'Eugène Weidmann, lors de laquelle des
débordements jugés insupportables s'étaient produits.

De 1940 à 1981 : vers l'abolition de la peine capitale

Jusqu'à la chute du régime de Vichy, le maréchal Pétain
refuse la grâce d'une cinquantaine de condamnés de
droit commun (dont huit femmes). Il fait procéder à
l'exécution de résistants et permet, grâce à la collaboration des autorités et de la police française, l'arrestation
et la déportation de milliers de familles juives résidant
en zone libre. Le 11 mars 1963, le lieutenant-colonel
Bastien-Thiry, responsable de l'attentat du Petit-Clamart
contre le général de Gaulle, alors président de la République, est le dernier condamné à mort à être fusillé. Le
28 novembre 1972, Claude Buffet et Roger Bontems
sont exécutés, sous la présidence de Georges Pompidou. Commence alors la croisade de Robert Badinter en
faveur de l'abolition totale de la peine de mort en France.
Le 12 mai 1973, l'exécution d'Ali Benyanès passe quasiment inaperçue. Pour la troisième fois en moins de six
mois, Georges Pompidou, pourtant défavorable à la
peine capitale, laisse un condamné à mort monter sur
l'échafaud. Le 28 juillet 1976, le président Valéry Giscard d'Estaing ayant refusé de lui accorder sa grâce,
Christian Ranucci est exécuté, malgré les doutes qui

subsistent sur sa culpabilité. Grâce à l'émouvante et remarquable plaidoirie de son défenseur, Robert Badinter, Patrick Henry, jugé pour le meurtre d'un enfant, échappe à la condamnation à mort le 21 janvier 1977. Le 23 juin 1977, Jérôme Carrein est guillotiné à la prison de Douai. Le 10 septembre 1977, Hamida Djandoubi est guillotiné. Il est le dernier condamné à mort à être exécuté en France.

Le processus juridique et politique de l'abolition

Le 16 mars 1981, au cours de la campagne présidentielle, François Mitterrand, candidat socialiste, déclare qu'il est fermement opposé à la peine de mort. Son élection à la présidence de la République sonne le glas de la peine capitale. Le 25 mai, il gracie Philippe Maurice, dernier condamné à mort à bénéficier de cette mesure de clémence. Le 26 août, le Conseil des ministres approuve le projet de loi abolissant la peine de mort. Le 17 septembre, Robert Badinter présente son projet de loi à l'Assemblée nationale. Le vote a lieu le 18 septembre : une majorité de députés se prononce en faveur de la loi. Le 30 septembre, plusieurs amendements du Sénat sont rejetés. La loi est officiellement adoptée par les sénateurs. Le 9 octobre, la loi Badinter est promulguée. La France est l'un des derniers pays d'Europe occidentale à abolir la peine de mort, avec la Suisse et le Royaume-Uni (qui l'aboliront respectivement en 1991 et 1998).

Précautions destinées à empêcher toute tentative de rétablir la peine de mort

Aujourd'hui, bien que plusieurs responsables politiques français se disent favorables à la peine de mort, son rétablissement ne peut se concevoir sans le rejet de plusieurs traités internationaux. Le 20 décembre 1985, la France ratifie le protocole additionnel numéro 6 à la Convention européenne des droits de l'homme. Désormais, la France ne peut plus rétablir la peine de mort, sauf en temps de guerre, à moins de dénoncer l'ensemble de la Convention, selon les contraintes fixées par l'article 58. Le 3 mai 2002, la France signe, avec trente autres pays, le protocole numéro 13 à la Convention européenne des droits de l'homme. Ce texte interdit la peine de mort en toutes circonstances, même en temps de guerre. Il entre en vigueur le premier juillet 2003, après le dépôt de 10 ratifications.

Le 8 avril 2004, une proposition de loi visant à permettre de rétablir la peine de mort pour les auteurs d'actes terroristes est déposée devant l'Assemblée nationale. L'ordre du jour des assemblées étant fixé par le gouvernement et celui-ci étant proche de Jacques Chirac, abolitionniste déclaré, la discussion en séance publique de la proposition de loi n'a finalement pas lieu. Le 13 octobre 2005, le Conseil constitutionnel estime que le deuxième protocole facultatif du Pacte international relatif aux droits civils et politiques ne peut être ratifié sans une révision préalable de la Constitution. Ce pacte abolit complètement la peine de mort, laissant toutefois la possibilité d'émettre une réserve en temps de guerre. Les États signataires ne disposent donc d'aucune procédure de dénonciation du pacte. L'abolition revêt un caractère définitif qui, selon le Conseil constitutionnel, porte atteinte au libre exercice de la souveraineté nationale. Le 3 janvier 2006, Jacques Chirac annonce une révision de la Constitution, visant à inscrire l'abolition de la peine de mort dans le nouvel article 66-1. Celui-ci stipule que «nul ne peut être condamné à la peine de mort». Le 30 janvier 2007, cette modification est adoptée par l'Assemblée nationale. Le 9 février, le Sénat vote à son tour la loi. Le vote final des deux chambres réunies en congrès à Versailles a lieu le 19 février, peu avant les élections présidentielles. Le premier août 2007, la France ratifie définitivement le protocole 13 de la CEDH interdisant la peine de mort en toutes circonstances, même en temps de guerre.

La figure
du philosophe

Le tragique, l'absurde
et le combat

RARES SONT LES PHILOSOPHES qui sont aussi des écrivains. Plus rares encore ceux dont la personnalité morale et intellectuelle s'inscrit en profondeur dans l'existence la plus concrète, avec chaleur et générosité, souci de l'homme réel en sa diversité, conscience tragique de notre finitude illuminée par la passion de vivre. Albert Camus est de ceux-là. Sa liberté d'esprit, son appétit de connaissance qui n'a jamais cédé aux idéologies, sa capacité d'opposer les valeurs d'une morale à hauteur d'homme aux dogmes de toute espèce, y compris ceux des intellectuels parfois plus amoureux d'idées abstraites que de la vérité, font à la fois sa force et sa lucidité. Ces mêmes qualités l'ont desservi longtemps aux yeux de ceux qui le considéraient avec mépris comme un penseur de second ordre, enclin à l'affectivité commune plutôt qu'aux grands problèmes de la philosophie. Il n'en est rien. Nourri d'une expérience irremplaçable de la vie en ses bonheurs, ses drames et ses difficultés, Albert Camus sait déployer cet enracinement personnel dans une pensée vivante et exigeante qui fait de lui l'un des grands moralistes de son temps. Héritier des Lumières, grand lecteur de Blaise Pascal (1623-1662), de Friedrich Nietzsche (1844-1900), mais aussi de Fedor Dostoïevski (1821-1881), de William Faulkner (1897-1962) et de René Char (1907-1988) dont il fut l'ami, Albert Camus offre la figure d'un humaniste tragique confronté à la double oscillation de l'absurde et de la force d'exister.

1.

L'enracinement familial du philosophe

Albert Camus est né le 7 novembre 1913, dans une modeste ferme de la région de Mondovi, à l'extrémité orientale de l'Algérie. Son père, Lucien Auguste Camus, envoyé par un négociant et exportateur de vin établi à Alger, vient à peine d'arriver au village de Saint-Paul pour la saison des vendanges. À peine le couple achève-t-il son voyage que Catherine Camus, née Sintès, donne le jour à un fils qui sera déclaré le lendemain au bureau d'état civil de Mondovi. Bientôt éclate la Première Guerre mondiale. Lucien envoie son épouse et ses deux fils à Alger, avant de partir se battre en France et de participer à la bataille de la Marne. Gravement blessé, il est évacué à l'hôpital de Saint-Brieuc où il meurt le 11 octobre 1914. Camus a reconstitué ces épisodes essentiels dans son roman posthume *Le Premier Homme* (1994).

1. *L'enfance d'un orphelin*

DEUX FIGURES TUTÉLAIRES

Le jeune Albert Camus s'éveille au monde et grandit à Alger, dans le quartier populaire de Belcourt. Son enfance se caractérise par une famille marquée par le veuvage et la misère, mais aussi le contraste entre deux figures tuté-laires : sa mère et sa grand-mère. La seconde, très présente dans *Le Premier Homme,* joue le rôle de chef de famille et exerce une autorité aussi impitoyable qu'elle s'avère for-matrice, dans la mesure où elle enseigne au jeune Albert le sens des nécessités concrètes et celui des valeurs imprescriptibles. La première, Catherine Camus, est une femme effacée, issue d'une famille nombreuse d'ouvriers agricoles venue de Minorque, une île espagnole. Atteinte de surdité partielle, analphabète, Catherine Camus est aussi douce qu'incapable de communiquer avec les autres et reparaît souvent dans l'œuvre littéraire du philosophe, mais aussi dans ses écrits politiques. *L'Étranger* (1942) s'ouvre par le constat laconique de Meursault : « Aujourd'hui, maman est morte. » L'apparente indifférence de Meursault a souvent été considérée comme un reproche intime de l'écrivain contre cette mère silencieuse et passive. Mais sa place essentielle dans *Le Premier Homme*, sous le nom de Catherine Cormery, révèle une affection douloureuse envers une femme privée de toute vie personnelle, vouée à la fonction de femme de ménage et de veuve obéissante, puis de femme âgée solitaire, aussi incapable de comprendre la fulgurante ascension littéraire de son fils que la violence soudaine et implacable de la guerre d'Algérie (1954-1962).

L'ENRACINEMENT ALGÉROIS

Dans ses écrits politiques, alors qu'il analyse l'aveuglement de cette violence, Albert Camus trouve précisément en sa mère une raison morale de condamner l'action terroriste. À plusieurs reprises, le philosophe s'oppose fermement au terrorisme dans des formules restées célèbres, qui lui seront reprochées par certains intellectuels français, partisans inconditionnels de l'indépendance, quels que soient les moyens mis en œuvre dans une lutte qu'ils estiment justifiée par le mouvement de l'histoire. Camus écrit notamment : « Je dois condamner un terrorisme qui s'exerce aveuglément, dans les rues d'Alger par exemple, et qui un jour peut frapper ma mère », mais aussi : « Je ne veux en aucun cas donner bonne conscience, par des déclarations sans risque pour moi, au fanatique stupide qui tirera à Alger sur une foule où se trouveront ma mère et tous les miens », pour ajouter de manière encore plus explicite, à l'intention de ses détracteurs : « Si un terroriste jette une grenade au marché de Belcourt que fréquente ma mère, et s'il la tue, je serai responsable dans le cas où, pour défendre la justice, j'aurais également défendu le terrorisme. J'aime la justice, mais j'aime aussi ma mère. » Cette position morale, dont on comprend qu'elle dépasse l'exemple personnel, n'a rien de surprenant chez l'auteur de *L'Homme révolté* (1951), essai philosophique sur la condition humaine confrontée au tragique de sa finitude et à l'absurde, l'absence de sens, où Camus analyse déjà l'inhumanité et les impasses du terrorisme au travers des exemples de la Révolution française et du nihilisme des mouvements révolutionnaires russes au tournant du XIXe et du XXe siècles.

2. *Le père absent et l'héritage moral*

La source de cet humanisme lucide et intransigeant lorsqu'il s'agit de la vie humaine réside peut-être dans le mystère de la figure paternelle. Le philosophe est le fils d'un homme emporté par la fureur de l'histoire. De son vivant, avant la Première Guerre mondiale, Lucien Camus s'est trouvé confronté plusieurs fois à l'immoralité fondamentale de la violence. Dans *Le Premier Homme*, Albert Camus évoque longuement l'épisode par lequel s'ouvrent les *Réflexions sur la guillotine* et analyse le dégoût viscéral de son père devant l'exécution d'un ouvrier agricole. Le narrateur du *Premier Homme* commente ainsi le bouleversement intérieur de son père : « Il venait de découvrir la réalité qui se cachait sous les grandes formules qui la masquaient. Au lieu de penser aux enfants massacrés, il ne pouvait plus penser qu'à ce corps pantelant qu'on venait de jeter sur une planche pour lui couper le cou. » Cette scène obsédante constitue le legs moral du père et se retrouve souvent dans l'œuvre de Camus, notamment dans *L'Étranger*, où Meursault assiste à une exécution capitale, sans savoir qu'il finira lui-même sur l'échafaud. Sa reprise au seuil des *Réflexions sur la guillotine* illustre l'enracinement concret de l'humanisme camusien. Il est à cet égard remarquable que les figures de Lucien et Catherine Camus apparaissent chacune dans deux méditations distinctes et cependant liées l'une à l'autre par une même interrogation sur la violence et la justice.

2.

De Belcourt à Stockholm

Fils de la pauvreté solidaire et des jours difficiles, Albert Camus est aussi celui de l'école de la République où sont alors enseignées les valeurs de l'effort, de la probité et de l'importance fondamentale de la connaissance et de la dignité humaine. Il n'oubliera jamais la leçon de dévouement et de confiance en l'homme que lui donnent ses maîtres. Le futur auteur des *Réflexions sur la guillotine* trouve dans l'enseignement dispensé par l'école laïque les ferments d'une moralité courageuse, capable de remettre en question les préjugés et les certitudes, quitte à choquer sans le vouloir et se faire des ennemis redoutables. Il n'a jamais oublié que le premier des devoirs est d'être fidèle à soi-même et, tout comme Socrate, autre grand Méditerranéen qui interrogeait les Athéniens sur la place publique, d'exercer son jugement avec constance et passion au service de la vérité.

1. *Les maîtres et les pères*

Orphelin de père, Camus a eu la chance de rencontrer dès l'enfance puis à l'adolescence des figures masculines fondatrices. Ces pères spirituels ont nourri sa jeunesse, formé son esprit, encouragé son talent naissant. C'est grâce à son instituteur, monsieur Germain, qui deviendra le personnage de monsieur Bernard, dans *Le Premier Homme*, que le futur écrivain accède au collège puis au lycée. Deux lettres échangées entre Camus et monsieur Germain ont été publiées en appendice du *Premier Homme*. Elles attestent d'une reconnaissance filiale de la part de l'écrivain et de la fierté du vieil instituteur, véritable père spirituel du futur prix Nobel de littérature qui lui dédiera en retour son *Discours de Suède* (1958). Dans sa lettre, Camus écrit notamment : « Sans vous, sans cette main affectueuse que vous avez tendue au petit enfant pauvre que j'étais, sans votre enseignement, et votre exemple, rien de tout cela ne serait arrivé. » Les formules employées sont révélatrices, Camus mentionne les trois valeurs fondamentales de sa vie et de sa pensée : celle de la main tendue, celle de l'enseignement, celle enfin de l'exemple. Ce dernier ne se conçoit pas indépendamment de la chaleur humaine et du savoir auxquels il donne respectivement puissance de s'orienter selon les vertus du courage et de la compassion, et capacité de tenir compte de la réalité pour la comprendre et la changer. L'exemplarité individuelle et institutionnelle de monsieur Germain est donc inséparable de sa justice et s'oppose radicalement à la prétendue exemplarité de la peine de mort qui apparaît d'autant plus comme un simulacre de justice dissimulant bien mal son inhumanité légale derrière le paravent de purs principes abstraits.

Le second maître d'Albert Camus est le philosophe Jean Grenier (1898-1971), évoqué de manière émouvante sous les traits de Malan, dans *Le Premier Homme*. Camus suit son enseignement en classe préparatoire puis en faculté et se lie avec lui d'une indéfectible amitié. Plusieurs de ses œuvres, dont *L'Envers et l'Endroit* (1937), lui sont dédiées. Encouragé par Jean Grenier, Albert Camus publie à vingt-deux ans ses tout premiers articles dans la revue *Sud* et poursuit des études de philosophie qui le conduiront à Paris.

2. *Littérature, politique et philosophie*

L'existence intellectuelle de Camus prend alors rapidement son essor. Dans les années 1930, après un court passage au Parti communiste, il rédige plusieurs œuvres importantes, dont *Noces* (1939), célébration lyrique de la condition humaine confrontée à la dialectique du bonheur terrestre et de la mort inéluctable, et se passionne pour la vie théâtrale. Diplômé d'études supérieures de philosophie, il fonde avec trois amis le Théâtre du Travail, en 1936. Il adapte de nombreuses pièces parmi lesquelles *Le Temps du mépris* d'André Malraux (1901-1976), *Les Bas-Fonds* de Maxime Gorki (1868-1936) et *Les Frères Karamazov* de Dostoïevski, toutes œuvres qui expriment ses propres préoccupations existentielles et sociales. En 1938, il devient journaliste à *Alger-Républicain*. Il y est chargé de rendre compte des procès politiques algériens. C'est alors que naît à proprement parler le Camus politique, engagé dans la vie concrète et l'histoire en marche, sans jamais céder un pouce de son indépendance critique à quelque idéologie ou famille d'idées. Dans ses articles, il développe au contraire un sens aigu de la complexité des situations, qui se retrouve particulièrement dans les *Chroniques algériennes* rédigées de 1939 à 1958, au fil de la crise conduisant à la guerre d'Algérie.

En 1942, il revient à Paris et milite dans un mouvement de résistance tout en publiant des articles dans *Combat* qui deviendra, à la Libération, un grand journal de réflexion politique. La même année, il publie *L'Étranger* et *Le Mythe de Sisyphe* chez Gallimard. Ces deux livres lui valent d'accéder brusquement à la notoriété. Ils illustrent la double orientation littéraire et philosophique de sa création. Si *L'Étranger* pose avant tout le problème de l'absurdité de l'existence et du rôle que l'homme doit ou non y jouer, ce premier grand roman pose aussi la question de la peine capitale envisagée comme manifestation monstrueuse d'une justice sans âme. À travers Meursault, qui passe du rôle de spectateur à celui de condamné, Camus explore les deux faces du châtiment suprême et le juge dans la perspective d'un questionnement existentiel. La méditation révoltée de Meursault déconstruit la rationalité et la légitimité de la peine de mort en s'attaquant à la fois à ses fondements sociaux, mais aussi éthiques et théologiques. C'est aussi pour l'auteur une première occasion, romanesque, de dire la condition du condamné plongé dans l'attente de son exécution, l'un des thèmes majeurs des *Réflexions sur la guillotine* (1957).

Le Mythe de Sisyphe (Sisyphe, dans la mythologie grecque, est condamné à rouler une pierre au sommet d'une colline alors qu'elle retombe éternellement) est tout aussi essentiel et développe sur un plan philosophique les fondements de la pensée camusienne. Il analyse le problème de la liberté humaine et la valeur de l'existence mise au défi par sa tragique absurdité, sa finitude. Méditant la formule du personnage Ivan Karamazov, selon laquelle si Dieu n'existe pas «Tout est permis» (*Les Frères Karamazov*), Camus dévoile sa signification profonde : «L'absurde ne délivre pas, il lie.» «Tout est permis» ne signifie donc pas que rien n'est défendu. Ainsi, le meurtre ne saurait avoir la moindre justification morale sous prétexte qu'il n'est pas de Dieu pour le punir. Par avance, la légitimité de la peine de mort est détruite. De plus, dans la célèbre page finale, Camus développe le programme d'un humaniste athée moderne, Jean-Paul Sartre, concluant à la nécessité d'un pari quasiment pascalien (Pascal proposait aux libertins de son temps de faire le pari de l'existence de Dieu) en faveur du bonheur : «Il faut imaginer Sisyphe heureux.»

3. *L'homme en métamorphose*

LA RÉVOLTE EN FAVEUR DE LA VIE

Dès lors, Albert Camus multiplie les chefs-d'œuvre et engage sa réflexion dans toutes les directions sans jamais perdre le sens d'une unité profonde, celle de la vie simple et familière qu'aucune doctrine ni aucun combat n'ont le droit de renier. Témoin engagé, il rencontre Jean-Paul Sartre en 1944 et noue avec lui une forte amitié que l'auteur de *L'Être et le Néant* brisera avec violence en 1952, en raison de positions philosophiques et politiques divergentes. Dès 1951, la crise entre les deux hommes est ouverte par la publication de *L'Homme révolté*. Camus interroge la notion de révolte très différemment de Sartre. La révolte n'est pas pour lui une manifestation inconditionnelle de la liberté humaine, quels qu'en soient les formes et le prix. Sensible aux contradictions de la modernité, attentif au drame algérien qui accouchera bientôt d'un atroce conflit, Camus se livre, au nom de la dignité de la révolte et de ses enjeux humains, à une critique du dandysme métaphysique conduisant au meurtre, comme chez certains personnages de l'œuvre de Dostoïevski, tel le célèbre Nicolas Stavroguine des *Possédés* (1870). De la même façon, il s'insurge contre la justification du meurtre comme moyen d'action politique et condamne les régimes qui le présentent comme une nécessité provisoire. Cette prise de position s'ouvre sur une nouvelle morale que l'auteur nomme « la pensée de midi ». Il y défend le principe d'une tension constante entre révolte et accord, conscience du tragique et promesse de la vie, malheur historique et bonheur terrestre. Cette morale trouve sa plus haute et plus forte expression dans une admirable formule : « Apprendre à vivre et à mourir et, pour être homme, refuser d'être dieu. » Une telle conception de la révolte en faveur de la vie explique non seulement son engagement contre la peine de mort, mais aussi la manière dont il construit et formule sa pensée dans les *Réflexions sur la guillotine*.

Homme de métamorphoses et de recherche, Camus poursuit son œuvre et revient sur certaines de ses positions antérieures, notamment dans *La Chute*, roman publié en 1956. Fidèle à la « pensée solaire » développée dans *L'Homme révolté*, Camus fait la critique implicite du personnage de Meursault et de sa tentation du nihilisme. Neuf ans plus tôt, *La Peste* (1947) avait déjà illustré l'humanisme lucide de l'auteur à travers les personnages du docteur Rieux et de Tarrou, athées emplis de compassion devant l'épidémie et les souffrances qu'elle engendre à Oran.

LE DRAME DE L'ALGÉRIE

En 1957, année de la publication des *Réflexions sur la guillotine*, Albert Camus reçoit le prix Nobel de littérature. Mais il s'éloigne déjà de la scène parisienne et de ses enjeux. La guerre d'Algérie mobilise sa conscience de manière particulièrement douloureuse. Partisan d'une émancipation et d'une reconnaissance des Algériens de souche arabe et berbère, victimes de la colonisation, il ne croit pas pour autant dans une indépendance dont il redoute qu'elle conduise à une impasse humaine et politique. Camus songe aussi à la population européenne d'Algérie qui, pour l'essentiel, est à ses yeux innocente des crimes de 1832, et se compose essentiellement de gens modestes venus chercher une vie meilleure sur le sol algérien, à l'image de ses aïeux Camus et Sintès. C'est pourquoi il se trouve dans une position difficile, qui a souvent été interprétée par les intellectuels engagés de l'époque comme une marque de conservatisme et de trahison, alors que son attitude exprimait davantage un profond désir de réconciliation entre les Algériens, désir sans doute impuissant face à la violence qui se déchaîne alors dans les deux camps. Il est en tout cas évident que cette lecture du drame algérien n'exprime en rien le point de vue d'un nationaliste aveugle, d'un colonisateur raciste ou d'un conservateur dépourvu d'humanité. C'est bien ainsi que l'écrivain algérien Rachid Mimouni analyse la conduite morale et politique de Camus, dans un éloge sensible publié en 1994 dans *Le Nouvel Observateur*, quarante ans après le début de la guerre d'Algérie, et trente-deux ans après l'indépendance : « Camus doutait plus que tout autre. Il avait réfléchi sur les valeurs morales qui pouvaient fonder le genre humain tout en sachant qu'il ne parviendrait pas à épuiser son sujet. S'il lui est arrivé de se tromper, nous sommes persuadés qu'il a agi selon sa conscience. S'il a marqué tant de gens de sa génération, […] dont il fut l'ami en dépit de leurs divergences d'opinions, c'est qu'il s'était acharné à promouvoir un humanisme. » Le drame de l'Algérie est pour Albert Camus bien plus qu'une question politique et philosophique. C'est aussi celui d'un homme profondément attaché à sa terre natale et aux siens qui ne peut envisager la violence de l'histoire en marche sans en être intimement affecté. Déçu par l'absolutisme abstrait des intellectuels groupés autour de Sartre, désespéré par les atrocités commises en Algérie par les tenants des deux bords, il se tourne alors vers ses racines et entreprend d'écrire *Le Premier Homme*, roman autobiographique par lequel il entend célébrer son affection et sa fidélité envers ses racines, son père absent et cependant présent en lui de façon bouleversante depuis qu'il s'est incliné sur sa tombe et a senti la cruelle injustice de sa jeune vie brisée, envers sa famille, ses camarades et les vrais maîtres essentiels sans lesquels « rien de tout cela ne serait arrivé ». Il meurt à l'âge de quarante-sept ans dans un accident de voiture, le 4 janvier 1960. Le manuscrit, alors loin d'être achevé, est retrouvé dans sa serviette. Il ne sera publié qu'en 1994 grâce aux soins de sa fille, Catherine, qui en a établi le texte au terme d'un long travail de déchiffrement et de mise en forme. S'il n'était mort prématurément, Albert Camus aurait pu connaître l'abolition de la peine de mort en France. Le 30 septembre 1981, jour de l'adoption officielle de la loi Badinter supprimant la peine capitale, il aurait eu soixante-huit ans.

**Pour en savoir plus
sur la vie d'Albert Camus :**

Roger GRENIER, *Albert Camus soleil et ombre. Biographie intellectuelle*, Folio n° 2286.

Herbert R. LOTTMAN, *Albert Camus. Biographie*, Le Seuil, collection «Points».

Pierre-Louis REY, *Camus. L'homme révolté*, Découvertes Gallimard n° 488.

Olivier TODD, *Albert Camus. Une vie*, Folio n° 3263.

Trois questions posées
au texte

TOUT AU LONG DES *RÉFLEXIONS sur la guillotine*, Albert Camus démontre vigoureusement les raisons concrètes et morales de s'opposer à la peine capitale. Plutôt que de céder à un sentimentalisme naïf qu'il récuse et dont il connaît l'inefficacité, il choisit de porter le combat sur le terrain des partisans du châtiment suprême. Il peut ainsi discuter point par point leurs arguments et en faire apparaître les contradictions, les mensonges éventuels et les présupposés implicites. Ce travail de déconstruction ne laisse pas de rappeler Nietzsche — cher à Camus en dépit des réserves que lui inspire le penseur allemand —, et particulièrement sa *Généalogie de la morale* (1887), dans la mesure où les *Réflexions sur la guillotine* proposent au lecteur un renversement des valeurs officiellement affirmées par la justice dans la légitimation et la mise en œuvre du châtiment suprême. Camus commence par attaquer l'exemplarité prétendue de la peine capitale, puis interroge sa nature morale et juridique afin de déterminer si elle exprime un authentique esprit de justice ou n'est qu'une forme détournée de la vengeance. Dès lors, la question la plus fondamentale peut surgir et concentrer toute l'attention du lecteur : la peine de mort est-elle un exemple particulièrement troublant de barbarie déguisée en droit ?

1.

La peine de mort a-t-elle une utilité ?

1. *Une exemplarité contestable*

Selon Camus, la société doute secrètement de l'efficacité de la peine de mort dans la mesure où elle en cache le déroulement et ne l'évoque que de manière indirecte, dans des termes aseptisés. Il note que, depuis la Révolution française, le spectacle de l'exécution a peu à peu été repoussé dans les marges de la cité jusqu'à ne plus être visible que de quelques personnages représentant les institutions judiciaires et carcérales. La guillotine, d'abord installée place de l'Hôtel-de-Ville, est déplacée aux lisières de Paris, puis dans l'enceinte même de la prison. On passe ainsi de ce que le philosophe Michel Foucault nomme «l'éclat des supplices», propre à l'Ancien Régime et aux plus sanglantes périodes de la Révolution française, à un rituel honteux et discret qui ne s'accomplit qu'au petit jour, loin des regards du public.

Camus fait observer la contradiction d'un tel choix : si la peine de mort doit être exemplaire, elle doit être visible de tous, dans tous ses détails, afin de frapper les esprits et les cœurs d'une horreur sacrée. C'est en ce sens qu'il cite le mot célèbre de Tuaut de La Bouverie, représentant du peuple en 1791 : «Il faut un spectacle terrible pour contenir le peuple.» Si réellement la peine capitale était exemplaire, il serait préférable de l'exhiber et de confronter la foule à la violence démesurée de la décapitation. L'auteur produit un certain nombre de témoignages, dont celui des docteurs Piedelièvre et Fournier, qui attestent du caractère douloureux, sanglant et écœurant de la mise à mort par guillotinage.

Or, la dissimulation progressive de la peine de mort repose justement sur la crainte qu'elle excite le sadisme populaire ou dresse contre le châtiment suprême la conscience d'honnêtes gens choqués par son spectacle. En 1939, l'exécution de Weidmann avait causé quelques « dérapages » : des journalistes avaient photographié et publié dans un organe de presse à grand tirage de nombreuses images du condamné. Dès lors, soustraite au public, la peine capitale est devenue abstraite, comme en témoigne le vocabulaire employé à son sujet. Il se limite à une série de formules neutres qui ne donnent plus aucune idée du châtiment (une « dette payée à la société ») et ne sauraient avoir la moindre valeur exemplaire. Le langage devient ainsi l'allié d'un profond malaise qui constitue aux yeux d'Albert Camus un aveu déguisé. Par la suite, Michel Foucault reprendra la même analyse dans *Surveiller et punir*. Comme Camus, il observe que la punition tend à devenir la part cachée de la justice : « Il est laid d'être punissable, peu glorieux de punir. » Foucault justifie encore cette métamorphose graduelle par d'autres arguments : dès le tournant du XVIIIe et du XIXe siècles, même si la peine de mort est encore infligée en public, le rationalisme administratif lui préfère de plus en plus un système de contrôle des individus. Il ne s'agit plus tellement de détruire que de manipuler les consciences afin de les conduire au repentir par l'intermédiaire de l'aveu et de la condamnation, selon la courbe d'une véritable résurrection morale dont la société et ses institutions, au premier rang desquelles la justice, sont les premières bénéficiaires. Il est vrai que le projet de Foucault n'est pas du tout le même que celui de Camus. Plus vaste, il se fixe pour tâche la constitution d'une histoire généalogique des formes modernes du contrôle social grâce à l'outil carcéral, tandis que l'auteur des *Réflexions sur la guillotine* se préoccupe exclusivement de la question de la peine de mort dans la perspective d'une revendication abolitionniste. Il n'en reste pas moins que Foucault reconnaît lui aussi la gêne de la justice devant une pratique dont elle ne veut « plus prendre en charge publiquement la part de violence [...] liée à son exercice ».

2. *Une peine inefficace*

Camus réfute d'autre part le pouvoir d'effroi de la peine de mort sur les criminels. Les seules âmes qu'elle soit susceptible d'affecter péniblement sont celles de gens honnêtes, éloignés *a priori* de tout projet criminel, à l'instar du père de l'auteur. Mieux encore, il relève de nombreux témoignages, dont celui d'Arthur Koestler, qui démontrent l'inefficacité du châtiment suprême sur les voleurs et les meurtriers : « à l'époque où les voleurs à la tire étaient exécutés en Angleterre, d'autres voleurs exerçaient leurs talents dans la foule qui entourait l'échafaud où l'on pendait leur confrère ». Des statistiques établissent de surcroît que de nombreux condamnés à mort britanniques avaient eux-mêmes assisté à des exécutions. Il ne se contente pas de ces données empiriques. Il se livre à une analyse psychologique et morale afin de souligner l'abstraction du principe d'exemplarité. Celui-ci devrait théoriquement rappeler au criminel en puissance qu'il risque de perdre la vie. Le législateur fait donc l'hypothèse que la crainte du châtiment suprême doit atteindre les fondements de l'instinct de vie et contenir les tentations éventuelles. Mais il s'agit d'un faux calcul. Camus s'appuie sur le philosophe anglais Francis Bacon pour montrer que la peur de la mort, « si grande qu'elle soit, n'a jamais suffi à décourager les passions humaines ». Dans la lignée d'Emmanuel Kant, il estime que les instincts nombreux et violents de l'âme sont présents en chacun de nous et font souvent obstacle à la bonne volonté (*Idée d'une histoire universelle au point de vue cosmopolitique*). Ces passions désordonnées possèdent une puissance variable selon les circonstances et peuvent finir par l'emporter sur la raison et l'instinct de préservation. Dès lors, la menace de la mort perd son pouvoir d'intimidation. L'erreur des législateurs est donc de parier sur une nature humaine plus simple et plus rationnelle qu'elle ne l'est en réalité.

Enfin, l'homme n'est pas seulement habité par des forces de conservation mais aussi par une aveugle fascination pour l'autodestruction. Camus se réfère implicitement à la notion «d'instinct de mort» mise en évidence par le fondateur de la psychanalyse, Sigmund Freud (1856-1939). Même si l'homme aspire à vivre le plus longtemps possible, il subit également l'attraction parfois irrésistible de tendances suicidaires qui le poussent à commettre des actes irréparables. La réalité de cette attraction morbide se lit dans les exemples de l'alcoolisme et de la toxicomanie et trouve dans le crime une voie d'expression particulièrement efficace. L'auteur note que de nombreux assassins ont d'abord formé le projet de se donner la mort. Certains criminels appellent celle-ci de leurs vœux et, de façon paradoxale, souhaitent leur condamnation. Les statistiques ne font que corroborer cette analyse dans la mesure où le nombre des crimes n'a pas diminué dans les pays qui pratiquent la peine de mort, ni augmenté dans ceux qui l'ont abolie.

3. *Ambiguïté psychologique et morale de la peine de mort*

En troisième lieu, Camus critique vigoureusement les effets de la peine capitale. Loin de frapper les esprits, elle flatte les pulsions les plus sauvages de l'homme, quelles que soient ses vertus et son honnêteté apparentes. Quand elle ne provoque pas le dégoût, l'exécution ou son idée attisent le sadisme latent des hommes et rendent cette forme de justice, certes involontairement mais non moins réellement, très ambiguë. Cette ambivalence se manifeste à deux niveaux : celui de la foule des honnêtes gens, celui des exécuteurs. L'auteur s'appuie sur les exemples de la guerre d'Espagne et de la Deuxième Guerre mondiale pour souligner la fragilité des esprits, conscient que «derrière les visages les plus paisibles et les plus familiers dort l'instinct de torture et de meurtre». Il peut alors légitimement soupçonner la peine de mort de susciter le désir du crime. En outre, les fonctionnaires chargés d'accomplir la sentence n'ont rien de l'impartialité qu'on attendrait d'eux. Symboles de la société qui demande la mort, ils se distinguent souvent par leur bassesse et leur vulgarité, selon les divers témoignages recueillis, dont ceux d'un prêtre et d'un aide exécuteur. Pire, la peine capitale suscite chez les bourreaux une fascination douteuse qui les apparente davantage à des criminels maniaques dissimulés sous l'officialité de leur fonction qu'à de simples agents de la loi humaine dans ce qu'elle a de plus terrible et de plus absolu. Camus cite notamment deux cas, celui du bourreau Deibler père, qui contemplait fréquemment les habits des condamnés qu'il avait exécutés, et celui d'un exécuteur non nommé qui restait «parfois des jours entiers à attendre chez lui, assis sur une chaise, tout prêt, [...] à attendre une convocation du ministère». Ces comportements révèlent l'attirance pathologique exercée par la peine de mort et suffisent à en démontrer les effets inquiétants.

2.
La peine de mort est-elle une vengeance ?

La peine de mort se donne pour objet fondamental l'affirmation éclatante d'une justice impartiale, exclusivement soucieuse de sanctionner les fautes selon le principe de la proportionnalité des peines. La mort n'est donc pas conçue autrement que comme une forme de réparation aussi nécessaire qu'inévitable. Elle seule serait en mesure de répondre à la gravité du crime, dans la mesure où celui-

ci s'attaque à l'existence même de la victime. Cette justification vole cependant en éclats dès lors qu'on considère
les fondements réels de la peine capitale. Enracinée dans
la loi mosaïque du talion, et issue de pulsions humaines
archaïques, la peine capitale n'est rien d'autre aux yeux
de Camus qu'une vengeance légale, c'est-à-dire un meurtre
qui ajoute le sang au sang et ne parvient à occulter sa vraie
nature qu'au prix d'un vain dispositif de contrôle et de
pieux mensonges.

1. La faute et sa réparation

Dans les premières pages des *Réflexions sur la guillotine*,
Camus relève que la peine de mort est officiellement présentée comme juste rétribution du crime. Il écrit, non sans
ironie : «Au lieu d'évoquer vaguement une dette que
quelqu'un, le matin même, a payée à la société, ne serait-il
pas d'un plus efficace exemple de profiter d'une si belle
occasion pour rappeler à chaque contribuable le détail de
ce qui l'attend?» Certes, la peine de mort trouve d'apparentes justifications dans le crime du condamné. Celui-ci a
porté atteinte à la liberté et à la vie d'autrui, il s'est donc
couvert du sang de sa victime et a ainsi perdu une part
essentielle de la dignité humaine qui l'enveloppait avant
son forfait. Camus admet cette déchéance morale et ne
prétend pas invoquer une innocence fictive du meurtrier
au nom d'arguments aussi abstraits qu'irréalistes. Il juge
sévèrement la position de Victor Hugo qui, dans son roman
paru en 1829, *Le Dernier jour d'un condamné à mort*, oblitère
la question de la faute et de la responsabilité, bien qu'il
éclaire admirablement la cruauté du châtiment suprême.
Victime de son lyrisme sentimental et de son idéalisme,
Hugo lui semble passer à côté du problème fondamental
de la réparation des crimes. La déchéance morale du
meurtrier appelle bien une sanction administrée par la
société. Responsable, même si des déterminismes relatifs

ont pesé sur lui, comme par exemple la misère et l'alcoolisme, il lui faut affronter sa faute et ses conséquences.

Sur ce point, Camus trouve un écho remarquable chez de nombreux penseurs modernes du droit, dont le juriste, psychanalyste et philosophe Pierre Legendre (né en 1930). Dans *Le Crime du caporal Lortie. Traité sur le Père*, paru en 1994, il se penche sur le cas d'un militaire de carrière que de graves troubles psychotiques ont conduit en 1984 à s'introduire dans l'Hôtel du Parlement du Québec avec une arme automatique. Proférant des revendications délirantes, Lortie a grièvement blessé et tué plusieurs personnes avant d'être désarmé et arrêté. Passionné par l'affaire, Pierre Legendre s'est entretenu avec le prisonnier après sa condamnation à une lourde peine de prison et en a tiré une longue méditation dans laquelle il établit que, même dans les cas de crimes liés à la psychose, le sujet ne peut espérer sortir de sa pathologie et recouvrer la plénitude de son humanité s'il ne se confronte pas à sa responsabilité morale.

2. *L'opposition de la nature et de la loi*

UNE LOI DU TALION QUI NE DIT PAS SON NOM

Dans le cas de la peine de mort, la société tire parti de la déchéance morale du meurtrier pour établir la légitimité d'une sinistre loi de symétrie : la nécessité d'apporter une réponse proportionnelle à la faute ne laisse d'autre possibilité à la justice que de prononcer une sentence de mort. Or, pour Camus, cette symétrie de la faute et de la sanction n'est rien d'autre qu'une vengeance : « Cette réponse est aussi vieille que l'homme : elle s'appelle le talion. » L'auteur se réfère explicitement au code de vengeance mis en place par l'Ancien Testament. Toute offense, tout crime doivent être réparés par un acte rigoureusement analogue. La loi du talion affirme en effet : « Œil pour œil, dent pour dent. » La justification de la justice par la vengeance apparaît à diverses reprises dans les livres de l'Ancien Testament. Ainsi, la formule, « Œil pour œil » revient trois fois dans le Pentateuque. Le livre de l'Exode affirme notamment : « Mais si le malheur arrive, tu paieras vie pour vie, œil pour œil, dent pour dent, main pour main, pied pour pied, brûlure pour brûlure, blessure pour blessure, meurtrissure pour meurtrissure » (21, 23-25). Le Deutéronome précise de manière plus claire encore : « Si un homme frappe à mort un être humain, quel qu'il soit, il sera mis à mort » (19, 21). Des formules analogues se lisent également dans le livre de la Genèse, ou encore le Lévitique. Cependant, le même Lévitique affirme de manière tout aussi impérative : « Tu ne te vengeras pas ni ne garderas rancune, mais tu aimeras ton prochain comme toi-même. Je suis l'Éternel » (19, 18). Cette contradiction est sans doute à rapprocher des remarques de Camus sur les chrétiens de l'Empire romain, qui ont longtemps rejeté la peine capitale, au nom de la loi d'amour prêchée par le Christ. Littérale, absolutiste, la vengeance ne pense la revendication de justice qu'au travers de la violence. L'auteur en traduit aussitôt les cas particuliers dans une maxime générale : « Qui m'a fait mal doit avoir mal. » Il rejoint ici les analyses conduites par Hegel dans les *Principes de la philosophie du droit* (1818). Bien que favorable à la peine de mort, le philosophe allemand critique finement le principe de vengeance et le critère du mal compensatoire conçu comme seule rétribution adéquate d'un premier mal. Quelle que soit sa revendication affichée, ce mal ne saurait changer de nature ni acquérir une signification positive. Il reste une manifestation du mal, incapable de se hausser au-dessus de lui-même. Or, la violence contenue dans ce mal appelle à son tour réparation par des moyens similaires, si bien que la vengeance engage un cycle infini de violence qui gagne peu à peu en intensité et atteint un nombre toujours croissant de victimes, souvent innocentes, mais considérées comme fautives, du seul fait de leur lien, direct ou indirect, avec les principaux fautifs.

UNE JUSTICE INDIGNE

Camus a bien conscience de cette contradiction qui tient à la source cachée de la vengeance : « Le talion est de l'ordre de la nature et de l'instinct, il n'est pas de l'ordre de la loi. » L'opposition de la nature et de la loi recoupe celle de la vengeance et de la justice en soulignant l'erreur d'une justice qui délaisserait la raison et le souci d'équité au profit des puissances irrationnelles qui habitent l'homme. Par la notion d'instinct, il entend non seulement le jeu des passions non réglées, mais aussi l'appétit de violence qui, selon lui, constitue le fonds commun de l'humanité : « Le meurtre est dans la nature de l'homme. » Cette formulation fait écho à l'analyse de l'ambivalence morale qui soumet la vie de l'esprit à un perpétuel déséquilibre pulsionnel. La lecture du problème de la vengeance nous ramène donc à l'anthropologie des passions et ne fait que souligner l'incompatibilité de la vengeance et du droit. Bien que la peine de mort détache la violence de la sphère individuelle en confiant le soin de prononcer la sentence et de l'exécuter à un ensemble d'institutions, elle n'échappe pas pour autant à son enracinement initial. Dès lors, sa justice, imprégnée de passions, d'instincts, et d'irrationalité meurtrière, perd de fait la dignité morale qu'elle prétendait obtenir et incarner.

Le jugement de Camus est encore plus sévère : incapable d'observer le principe arithmétique du talion, la peine de mort libère une violence supérieure à celle du condamné : « Elle ajoute à la mort un règlement, une préméditation publique et connue de la future victime, une organisation enfin, qui est par elle-même une source de souffrances morales plus terribles que la mort. » En effet, par la condamnation, la justice détermine le sort du criminel et fixe la mort comme un destin manifeste. Camus fait observer que l'équivalence exigerait une même disposition du criminel envers sa victime. Il faudrait que celle-ci, avertie de son assassinat, ait à souffrir les mêmes angoisses que le condamné enfermé dans la cellule où il attend la date incertaine d'une exécution inscrite dans l'ordre des nécessités légales et concrètes, une fois que les juges se sont prononcés. L'ironie de la suggestion ne fait que mettre en lumière la cruauté de la peine capitale et permet à Camus d'affirmer sans crainte d'être démenti : « Mais qu'est-ce donc que l'exécution capitale, si ce n'est le plus prémédité des meurtres, auquel aucun forfait de criminel, si calculé soit-il, ne peut être comparé ? »

3.

La peine de mort, exemple de barbarie ?

Pour beaucoup d'abolitionnistes, le caractère meurtrier de la peine de mort permet en lui-même de démontrer qu'elle est un exemple caractérisé de barbarie. Mais cette conviction immédiate, aussi forte et légitime soit-elle, ne suffit cependant pas à qualifier la nature de la barbarie, pas plus qu'à définir les critères qui autorisent à ranger la peine capitale sous cette catégorie. Conscient de la faiblesse des protestations indignées qui ne construisent leur refus que sur les affects, Camus s'applique à déterminer les fondements de la barbarie et à indiquer point par point son lien avec le châtiment suprême. Il interroge à cet égard la violence spécifique de l'exécution, la cruauté morale et l'abjection qui s'abattent sur le criminel une fois que sa condamnation a été prononcée, et la barbarie des États modernes qui prétendent châtier le meurtre tout en l'approuvant et en le commettant sans le moindre scrupule quand il s'agit de leurs idéologies et de leurs intérêts.

1. *La notion de barbarie*

Camus ne doute pas un instant que la peine de mort soit une forme sociale de ce qu'on nomme la barbarie et fournit de nombreux arguments en faveur de cette thèse.

Le terme a son origine dans la culture grecque antique. Pour les Grecs, le barbare est celui qui ne parle pas leur langue et ne dispose pas de la rationalité qui donne au discours sa forme réfléchie. Le barbare se contente de produire des sons qui le rapprochent de l'animal, dont il partage les passions. Il manque de raffinement intellectuel et de civilité. Dans cette première définition, la barbarie renvoie d'abord à la dimension linguistique. Par la suite, chez les Romains, le barbare est celui qui se situe hors de la civilisation gréco-latine et se signale par des mœurs jugées frustes et brutales. Ainsi César évoque-t-il le goût de la destruction et de la violence des peuples qu'il juge barbares, ce qui ne l'empêche pas d'admirer le cas échéant leur vertu guerrière et leur courage. Après la chute de l'Empire romain, la notion de barbarie sera appliquée aux peuples qui déferlent sur l'Europe et établissent leur pouvoir par la force.

Mais le terme ne commence à prendre tout son sens moderne qu'au XVIᵉ siècle, dans les *Essais* de Montaigne. Témoin des atrocités commises pendant les guerres de Religion, Montaigne qualifie de « barbare » l'aveuglement et le déchaînement de la violence. Réciproquement, l'auteur récuse l'usage du mot lorsqu'il s'agit de désigner les peuples insulaires découverts et massacrés par les Espagnols, ainsi que les indigènes d'Amérique du Nord : « Nous les pouvons donc bien appeler barbares, eu égard aux règles de la raison, mais non pas eu égard à nous, qui les surpassons en toute sorte de barbarie. » Dès lors, la barbarie se rapporte à la cruauté et aux traitements inhumains. L'avènement des droits de l'homme, à l'ère des Lumières, va populariser le concept et le préciser. Le barbare est celui qui agit sans considération pour la dignité de l'autre et n'hésite pas à l'asservir, à lui faire subir une dégradation morale et physique, à le faire souffrir et le tuer. L'Europe coloniale dénonce la «barbarie» des peuples qu'elle soumet à sa domination, sous le prétexte de leur apporter les lumières de la civilisation. La notion conserve donc à ce titre l'idée que le barbare n'est pas civilisé ou provient d'une culture incomplète et pour cela inférieure.

L'expérience moderne des guerres généralisées, des totalitarismes et du nazisme oriente à nouveau l'idée de barbarie pour la fixer dans la plénitude de sa signification actuelle. La barbarie est d'abord la négation de l'autre, dans sa personne, dans ses droits, son individualité et son intégrité. Désormais inséparable des droits de l'homme tels qu'ils sont définis au lendemain de la Deuxième Guerre mondiale, la barbarie perd totalement sa dimension ethnocentriste. Elle devient même un concept juridique qui permet de poursuivre des individus pour «crime contre l'humanité», «crimes de guerre» et «actes de barbarie». Ainsi, la torture, les humiliations et les mauvais traitements infligés à des prisonniers sont considérés comme des actes de barbarie. Camus lui-même relie la barbarie et la négation des droits de l'homme quand il affirme que «l'abolition solennelle de la peine de mort devrait être le premier article du Code européen que nous espérons tous». Le travail juridico-politique effectué en France et en Europe depuis l'abolition française de 1981 a permis d'atteindre ce but puisque, désormais, le protocole 13 de la Charte européenne des droits de l'homme, ratifié par la France le 1er août 2007, interdit la peine de mort en toutes circonstances, même en temps de guerre.

2. *La barbarie intrinsèque de la peine de mort*

UN « MEURTRE LÉGAL »

La barbarie de la peine de mort tient d'abord au fait qu'elle prend la forme d'un meurtre. Camus ne cesse de la dénoncer, par exemple dans les passages qu'il consacre à l'identification du châtiment suprême avec la loi du talion. Toutefois, la véritable barbarie tient aux conditions dans lesquelles s'effectue ce meurtre légal, conditions dont Camus montre clairement qu'elles ne sont pas seulement l'effet d'une méthode imparfaite, mais qu'elles sont les conséquences inéluctables de toute exécution. Il n'évoque pas seulement la guillotine, mais l'usage de la chambre à gaz aux États-Unis. Cependant, si la condamnation de la peine de mort a une dimension universelle, l'auteur se focalise essentiellement sur sa forme française, selon le titre programmatique de son essai. Il cite de nombreux témoignages qui décrivent l'horrible sort du condamné. Celui, extrêmement précis, des docteurs Piedelièvre et Fournier appuie sa dénonciation par une étude des effets physiologiques de la décapitation. L'épanchement du sang, les contractions spectaculaires des muscles, la trépidation des viscères, mais aussi les torsions qui affectent le visage, l'expression dilatée des regards figés suffisent à convaincre le lecteur des souffrances physiques subies par le condamné. À cela s'ajoute la durée de la survie après la décapitation. Contrairement aux affirmations du docteur Guillotin, inventeur de la sinistre machine, la mort n'est pas instantanée. L'agonie peut durer « des minutes, des heures même ».

UNE DOUBLE PEINE

Les souffrances endurées sont de surcroît bien antérieures à l'exécution proprement dite puisque le prisonnier attend le jour et l'heure de son exécution dans le quartier des condamnés à mort. Sa première agonie est donc morale et s'avère d'une cruauté infinie, au rythme de l'espoir et du désespoir, au fur et à mesure que les pourvois, les demandes de révision et de grâce sont rejetés. Il s'agit de ce qu'on appellerait aujourd'hui une double peine, dans la mesure où le châtiment intéresse d'abord l'attente de la mort, puis la réalisation de celle-ci. Comme le dit un condamné de Fresnes cité par l'auteur : « Savoir qu'on va mourir n'est rien. [...] Ne pas savoir si l'on va vivre, c'est l'épouvante et l'angoisse. » Il y a là un « épouvantable supplice », si bien que toute la période précédant l'exécution peut être considérée comme une forme de torture que la justice a beau jeu d'ignorer et de déguiser par les apparences d'un traitement alimentaire plus délicat que l'ordinaire des prisons. Camus montre à cet égard que le soin donné à conserver la bonne santé physique du prisonnier n'est pas tant une mesure d'humanité que l'expression d'une volonté bien plus impitoyable : « L'animal qu'on va tuer doit être en pleine forme. » On connaît effectivement des cas dans lesquels des prisonniers ont été contraints de s'alimenter ou soignés après des tentatives de suicide afin de pouvoir monter sur l'échafaud et de vivre en toute lucidité la situation ultime de leur existence. En outre, Camus analyse en détail le dernier jour et fait observer que l'apathie des criminels menés à l'échafaud n'a rien d'une acceptation, mais exprime au contraire le dernier degré du désespoir. Il oppose à cette pratique dégradante l'humanité relative des Grecs qui, par la ciguë, donnaient au moins aux condamnés « la possibilité de retarder ou de précipiter l'heure de leur propre mort ». Il songe évidemment à la mort de Socrate, évoquée par Platon dans le *Phédon*. Socrate, serein devant la perspective de son trépas, réunit une dernière fois ses disciples autour de lui et s'entretient avec eux de la nature de l'âme et des fins dernières. Mais le philosophe a dans une certaine mesure choisi de mourir. Il aurait pu opter pour le bannissement, au terme de son procès, ou accepter la proposition de Criton qui lui offrait de s'évader. Le condamné qui se prépare à monter sur l'échafaud ne possède aucune liberté qui lui permettrait de s'opposer à l'exécution ou de s'y livrer en toute connaissance de cause. Son sort ne diffère pas de celui de l'animal conduit aux abattoirs.

3. *Une barbarie d'État*

Camus montre avec force que cette barbarie n'est pas la dérive d'un système judiciaire autonome qui agirait en dehors du consentement de l'État. Au contraire, si la peine de mort est un « meurtre légal », c'est bien qu'elle exprime une volonté de l'État, complice des passions vengeresses et sadiques de la société. On pourrait ajouter que le fait n'a rien d'étonnant, dans la mesure où les pouvoirs démocratiques savent que leur élection dépend aussi d'affects populaires. En 1976, le président Valéry Giscard d'Estaing a refusé de gracier Christian Ranucci, jeune homme condamné pour le meurtre d'une fillette. Cependant, au cours du procès, des doutes très sérieux étaient apparus quant à la culpabilité de l'accusé. Christian Ranucci n'a pourtant pas bénéficié du doute qui aurait dû lui profiter. Le refus de la grâce présidentielle a souvent été interprété comme un calcul électoral, bien que Valéry Giscard d'Estaing ait depuis toujours affirmé que la lecture du dossier l'avait convaincu de la culpabilité du condamné. Quoi qu'il en soit, on devine qu'en l'occurrence le poids de la société sur l'État et ses représentants a été crucial. Le scandale né autour de cette affaire a d'ailleurs joué un rôle non négligeable dans la marche finale vers l'abolition de 1981.

LA COMPLICITÉ DE L'ÉTAT

La barbarie de l'État ne réside pas, selon Camus, dans la seule dimension légale de la peine de mort. Elle tient aussi à son désintérêt pour les causes de la criminalité. L'auteur souligne l'importance des conditions matérielles, en s'appuyant sur l'exemple du logement : « La statistique évalue à 64 000 les logements surpeuplés (de 3 à 5 personnes par pièce) dans la seule capitale. » L'auteur reconnaît volontiers que la situation matérielle des plus pauvres n'engendre pas nécessairement les monstres qui se font bourreaux d'enfants, cependant il ajoute aussitôt : « Mais ces monstres, dans des logements décents, n'auraient peut-être pas eu l'occasion d'aller si loin. » Cette barbarie étatique se redouble d'une complicité. Camus pose le problème du rôle de l'alcool en citant le témoignage d'un avocat et d'un médecin selon lesquels les statistiques prouvent la relation directe entre la genèse des crimes et l'alcoolisme. Il ajoute qu'en 1951 le taux de prisonniers alcooliques ou issus d'une ascendance alcoolique s'élève à plus de 50 %. De même, « 95 % des bourreaux d'enfants sont des alcooliques ». Or, à l'époque où Camus rédige son essai, non seulement il n'existe aucune loi destinée à prévenir l'alcoolisme, mais les groupes de pression issus des milieux de viticulteurs et de fabricants d'apéritifs agissent avec efficacité sur le travail des parlementaires et bloquent ainsi toute tentative de régulation. Le problème serait sans doute différent aujourd'hui. Le lien des excitants avec la violence criminelle reste cependant établi dans la mesure où un très grand nombre de prisonniers, qu'ils soient ou non des criminels, sont atteints de toxicomanies diverses.

LA RESPONSABILITÉ DE L'ÉTAT

L'État conduit la barbarie à son plus haut degré dans ses idéologies et dans le service de ses intérêts. À la fin des *Réflexions sur la guillotine*, Camus dénonce en des pages vibrantes le rôle direct des États dans les atrocités commises au XXᵉ siècle : « Depuis trente ans, les crimes d'État l'emportent de loin sur les crimes des individus ». Orphelin de guerre, témoin et acteur de la Deuxième Guerre mondiale, spectateur horrifié de la violence qui accompagne la décolonisation et des crimes commis par le stalinisme, il dispose de très solides arguments pour stigmatiser la violence étatique. Il lui suffit d'observer les crimes accomplis sous l'occupation de la France, par les nazis et le régime de Vichy, ainsi que les atrocités qui ont également souillé la Libération, pour faire apparaître dans tout son éclat la lourde responsabilité des États. Détaché de tout engagement idéologique, Camus, dans un élan de sincérité rare à l'époque, se refuse à classer d'un côté des États criminels et de l'autre des États révolutionnaires qui trouveraient justification de leur violence par l'argument du progrès et des sacrifices nécessaires. Ce faisant, le philosophe justifie pleinement son propos : la barbarie n'est pas le fait de tel régime honni, mais une caractéristique universelle des comportements étatiques de son époque. Même les démocraties se rendent coupables de violences iniques. Il songe notamment à la sanglante répression de l'insurrection de Madagascar : le 29 mai 1947, la France envoie un corps expéditionnaire mater la révolte de l'île. De l'aveu même de l'état-major français, l'opération dite de « pacification » fait 89 000 victimes malgaches, et 550 victimes européennes, plus les 1 900 tués du corps expéditionnaire. Ainsi l'auteur peut-il affirmer : « Ce n'est plus tant contre l'individu que notre société doit se défendre que contre l'État. » Il a la prudence d'ajouter : « Il se peut que les proportions soient inversées dans trente ans. » S'il est vrai que la construction de l'Europe a partiellement donné raison à cet espoir, et conduit à la suppression de la peine de mort dans les pays de l'Union, la barbarie d'État est loin d'avoir disparu de la vie internationale, comme en témoignent les génocides et les guerres d'aujourd'hui.

Études critiques sur l'œuvre d'Albert Camus :

Alain COSTES, *Albert Camus ou la parole manquante*, Payot.

Jean GASSIN, *L'Univers symbolique d'Albert Camus*, Minard.

Roger QUILLOT, *La Mer et les Prisons. Étude sur Camus*, Gallimard.

Groupement de textes

La violence, envers de la pensée

LA PHILOSOPHIE S'EST TOUJOURS posé le problème de la violence humaine et de ses conséquences, tant sur le plan moral que juridique et politique. La violence est, par nature, l'envers de la pensée car elle nous incite à toutes les formes d'agressivité comme à l'intolérance. D'une manière générale, quelle que soit leur position envers la peine capitale, les philosophes nous invitent donc à comprendre les racines de la violence humaine afin d'en combattre les effets par une interrogation critique en forme d'examen lucide. Il en résulte toujours une volonté éthique indispensable à la vie intérieure de chacun tout comme à l'exigence de construire un ordre social équilibré, pacifique et juste, dans lequel les problèmes du droit soient posés en d'autres termes que ceux des affects et des fantasmes. Mais la littérature n'est pas en reste et fournit souvent l'occasion de protestations vigoureuses contre la peine capitale. Aussi émouvantes que documentées, elles ont souvent joué un rôle éminent dans la propagation des idées abolitionnistes et révélé de manière particulièrement nette l'horreur d'une justice dépourvue de compassion qui confond l'indispensable réparation des crimes et la barbarie hypocrite d'une peine qui n'est rien d'autre qu'un meurtre légal.

1.

Cesare BECCARIA (1738-1794)
Des délits et des peines (1764)

(trad. Louis Chevallier, Droz)

Le marquis Cesare Beccaria est l'une des plus belles incarnations de l'esprit des Lumières et de sa liberté critique. Ce juriste milanais, nourri par la lecture de Montesquieu et des encyclopédistes français, publie à l'âge de vingt-six ans Des délits et des peines, *qui marque un tournant essentiel dans l'histoire de la réflexion juridique. Dans cet ouvrage, Beccaria propose une nouvelle lecture du problème de la faute et de sa rétribution en se dégageant de toute influence religieuse. La seule raison paisible et impartiale suffit à définir avec précision les concepts et les enjeux fondamentaux du droit, en dehors de toute contrainte idéologique. Loin du sec rationalisme abstrait qu'on attend souvent d'un traité de droit, la réflexion de Beccaria est empreinte d'un profond humanisme et propose une véritable philosophie du droit de punir, des limites de la peine et de la nécessité d'équilibrer les peines et les fautes commises selon la logique d'une juste proportion. L'influence de Beccaria est immense : on lui doit la formulation d'un certain nombre de principes fondamentaux tels que celui de l'égalité qui permet de définir la relation du crime et de la loi, celui de la non-rétroactivité de la loi pénale la plus sévère, enfin celui de présomption d'innocence. Voltaire entretient avec lui une correspondance au sujet de l'affaire du chevalier de La Barre. Haut fonctionnaire dans l'administration milanaise à partir de 1770, il inspire des réformes judiciaires qui conduisent à l'abolition de la torture par la Suède, en 1770, et par la France, en 1780. Grâce à lui, l'usage de la peine de mort dans le cadre pénal diminue de façon impressionnante dans les pays européens, préparant ainsi le succès progressif des thèses abolitionnistes et leur victoire au XXe siècle. Le début du long paragraphe XVI déduit la nécessité d'abolir la peine capitale à partir du renoncement à la barbarie des supplices et de la torture. Beccaria montre que nul ne peut s'arroger ni obtenir le droit de tuer son semblable. Ce faux droit dissimule à ses yeux une guerre de la nation contre l'individu, injustifiable par quelque argument que ce soit. La théorie de Beccaria n'est évidemment pas sans faire songer à la définition rousseauiste du prétendu droit du plus fort dans le* Contrat social.

Cette vaine profusion de supplices, qui n'ont jamais rendu les hommes meilleurs, m'a poussé à examiner si, dans un gouvernement bien organisé, la peine de mort est vraiment utile et juste. En vertu de quel droit les hommes peuvent-ils se permettre de tuer leurs semblables ? Ce droit n'est certainement pas celui sur lequel reposent la souveraineté et les lois. Celles-ci ne sont que la somme des petites portions de liberté abandonnées par chaque individu ; elles représentent la volonté générale, qui est la réunion des volontés particulières. Or qui aurait eu l'idée de concéder à d'autres le pouvoir de le tuer ? Comment supposer que le minime sacrifice de liberté fait par chacun puisse comprendre celui du plus précieux de tous les biens, la vie ? Et quand cela serait, comment concilier ce principe avec celui qui refuse à l'homme le droit de se tuer lui-même ? Et, n'ayant pas ce droit, comment pouvait-il l'accorder à un autre ou à la société ?

La peine de mort n'est donc pas un droit, je viens de démontrer qu'elle ne peut pas l'être, mais une guerre de la nation contre un citoyen qu'elle juge nécessaire ou utile de supprimer. Mais si je prouve que cette peine n'est ni utile ni nécessaire, j'aurai fait triompher la cause de l'humanité.

(Paragraphe XXVIII, « De la peine de mort ».)

2.

Georg Wilhelm Friedrich HEGEL (1770-1831)

Principes de la philosophie du droit ou droit naturel et science de l'État en abrégé (1821)

(trad. R. Dérathé, Librairie philosophique J. Vrin)

Dans les Principes de la philosophie du droit, *Hegel est conduit à réfuter la légitimité morale et juridique de la vengeance dans le cadre d'une analyse de la négation du droit et de l'injustice. Les paragraphes 101 et 102 présentent la nature et la signification réelles de la loi du talion. À ses yeux, elle n'est qu'une négation empirique du crime et croit dans l'égalité de la violation et de la réparation. Mais, la vengeance a beau se croire juste, elle n'incarne que le point de vue d'une volonté particulière et non un véritable droit. De plus, en accomplissant une nouvelle violation du droit, elle appelle une réciprocité qui la rend infinie, au lieu d'apporter une justice authentique et définitive quant à la qualité positive, c'est-à-dire éthique et légale de la réparation. Hegel note un point important dans la remarque du paragraphe 102 : la vengeance peut non seulement émaner des individus, mais aussi de héros politiques à la naissance des États. Pourtant, très curieusement, Hegel légitime moralement et juridiquement la peine de mort (voir le paragraphe 100 des* Principes de la philosophie du droit). *Cette contradiction n'empêche en rien que la critique hégélienne de la vengeance, relue dans une perspective abolitionniste, comme celle d'Albert Camus, invalide toute justification philosophique de la peine capitale.*

Paragraphe 101
La suppression du crime est la loi du talion en ce sens que, d'après son concept, celle-ci est violation d'une violation, que, selon son existence empirique, le crime a une sphère qualitative déterminée et que, par suite, la négation du crime doit avoir, dans son existence empirique, la

même étendue. Cette identité (du crime et de la peine), qui repose sur le concept, n'est pas l'égalité dans la quantité spécifique de la violation, mais dans la nature en soi de la violation, c'est-à-dire une égalité suivant la valeur.

Paragraphe 102
Dans cette sphère de l'immédiateté du droit, la suppression du crime est sous sa forme primitive vengeance. Selon son contenu, la vengeance est juste, dans la mesure où elle est la loi du talion. Mais, selon sa forme, elle est l'action d'une volonté subjective, qui peut placer son infinité dans toute violation de son droit et qui, par suite, n'est juste que d'une manière contingente, de même que, pour autrui, elle n'est qu'une volonté particulière. Du fait même qu'elle est l'action positive d'une volonté particulière, la vengeance devient une nouvelle violation du droit : par cette contradiction, elle s'engage dans un processus qui se poursuit indéfiniment et se transmet de génération en génération, et cela, sans limite ?

Remarque. — Là où les crimes ne sont pas poursuivis et punis comme *crimina publica*, mais comme *crimina privata* (ce fut le cas du vol et du brigandage chez les juifs et les Romains ; c'est de nos jours encore le cas d'autres crimes chez les Anglais), la peine conserve pour le moins certains caractères de la vengeance. De la vengeance privée se distingue celle exercée par les héros, les chevaliers errants, etc. Cette forme de vengeance a lieu au moment de la naissance des États.

3.

Victor HUGO (1802-1885)

Le Dernier Jour d'un condamné (1829)

(La bibliothèque Gallimard n° 41)

Dans ce court roman, Victor Hugo dresse un puissant réquisitoire contre la peine de mort. La forme romanesque convient admirablement à ce projet, dans la mesure où l'auteur choisit de nous faire vivre de l'intérieur de l'esprit d'un condamné à mort les affres, les espoirs, la révolte, l'accablement, les jugements sur le monde et la justice, de celui qui attend, seul dans une cellule, l'annonce de sa grâce ou de sa perte définitive. Avant le personnage de Meursault dans L'Étranger de Camus, le condamné de Victor Hugo nous fait partager la souffrance intérieure du prisonnier. L'effet est d'autant plus saisissant que l'auteur a pris soin de gommer toute identité civile. Du condamné, nous ne connaissons ni le nom ni l'histoire, pas même le crime. Dans ses **Réflexions sur la guillotine**, Albert Camus critique ce choix qui lui semble relever d'un angélisme sentimental, dans la mesure où le personnage n'apparaît que sous la figure d'une victime et se trouve ainsi innocenté d'avance par le lecteur. Mais ce défaut fait aussi la force du roman : l'anonymat total du condamné reflète sa situation d'homme déchu de tout lien avec sa vie privée antérieure et avec la société, si ce n'est à travers le statut de condamné qui attend sa mort. En outre, Hugo souligne ainsi l'injustice de la peine de mort, quel que soit le crime commis par celui qui se prépare à monter sur l'échafaud. Rien, pas même la violence la plus sauvage, ne saurait justifier les souffrances morales du prisonnier abandonné à l'attente de l'inéluctable. Ces souffrances et la prétendue douceur de la décapitation par le rasoir de la guillotine sont l'objet du chapitre XXXIX, dont le contenu fait puissamment écho aux analyses de Camus.

XXXIX

Il est une heure et quart.
Voici ce que j'éprouve maintenant :
Une violente douleur de tête. Les reins froids, le front brûlant. Chaque fois que je me lève ou que je me penche, il me semble qu'il y a un liquide qui flotte dans mon cerveau, et qui fait battre ma cervelle contre les parois du crâne.
J'ai des tressaillements convulsifs, et de temps en temps la plume tombe de mes mains comme par une secousse galvanique[1].

---

1. Qui contracte les muscles comme sous l'effet d'une impulsion électrique.

Les yeux me cuisent comme si j'étais dans la fumée.
J'ai mal dans les coudes.
Encore deux heures et quarante-cinq minutes, et je serai
guéri.

4.

Truman CAPOTE (1924-1984)

De sang-froid (1966)

(trad. de R. Girard, Folio n° 59)

*De sang-froid relate un crime survenu le 14 novembre 1959,
dans une petite ville du Kansas. Deux marginaux, anciens repris
de justice, Dick Hickock et Perry Smith, attaquent les Clutter, une
famille de fermiers aisés et aimés de leurs concitoyens, les torturent
dans l'espoir de leur extorquer une importante somme d'argent et,
constatant que leurs victimes ne la possèdent pas, les tuent froidement malgré leurs supplications. Fasciné par ce fait divers dont il
lit le compte rendu dans le* New York Times, *Truman Capote
obtient du* New Yorker *la possibilité de partir enquêter sur place
et se passionne si profondément pour l'affaire et ses différents pro-
tagonistes qu'il lui consacre quatre années de son existence. Il
noue une relation personnelle, non dépourvue de sympathie et
d'ambiguïté, avec les deux assassins, particulièrement Perry Smith,
convaincu que ce dernier est son double en raison de certains éléments similaires de leurs enfances respectives. Capote est notamment ému par les infirmités physiques de Smith dues à un accident
qui lui a laissé une jambe plus courte que l'autre. De cette relation
exceptionnelle naît progressivement* De sang-froid, *roman dans
lequel Truman Capote renouvelle magistralement la relation de
l'écriture la plus littéraire avec le réel, dans l'héritage revendiqué
de Gustave Flaubert. Outre la précision et la justesse de l'écriture,
le souci d'exhaustivité et de pénétration des rouages psychologiques
des personnages font de ce roman le chef-d'œuvre de son auteur et
l'un des livres majeurs de la littérature américaine de la seconde*

moitié du xxᵉ siècle. Mais le lien personnel de Truman Capote avec les deux condamnés va beaucoup plus loin : grâce à sa célébrité et son argent, il leur fournit des défenseurs compétents et obtient à plusieurs reprises le report de leur exécution, qui aura néanmoins lieu en la présence horrifiée de l'écrivain. Jamais Truman Capote ne se remettra de cette ultime confrontation avec ceux dont les vies et les personnalités pathétiques et sordides l'ont hanté durablement. Dans le passage qui suit, l'auteur rend minutieusement compte de l'exécution par pendaison de Perry Smith, quelques instants après celle de son complice, en présence de l'enquêteur Dewey, l'un des personnages clés du livre, qui s'est chargé de l'affaire dès ses débuts, se jurant que les auteurs du massacre seraient arrêtés, condamnés à mort et exécutés. Les deux faces opposées du drame de la peine de mort apparaissent ici, grâce à ce dernier face-à-face qui aurait certainement fasciné Albert Camus.

Comme on le faisait entrer dans l'entrepôt, Smith reconnut son vieil ennemi, Dewey ; il cessa de mâcher un bout de chewing-gum Doublemint qu'il avait dans la bouche, il fit un sourire et un clin d'œil à l'intention de Dewey, désinvolte et malicieux. Mais, après que le directeur de la prison lui eut demandé s'il avait quelque chose à dire, son expression devint sérieuse. Ses yeux sensibles contemplèrent gravement les visages qui l'entouraient, dévièrent dans la direction du bourreau baigné d'ombre, puis retombèrent sur ses propres mains entravées de menottes. Il regarda ses doigts qui étaient tachés d'encre et de peinture car il avait passé ses trois dernières années dans l'Allée de la Mort à peindre des autoportraits et des visages d'enfants, généralement les enfants des prisonniers qui lui apportaient des photographies d'une progéniture rarement entrevue. « Je pense, dit-il, que c'est une chose épouvantable de mettre quelqu'un à mort de cette façon. Je ne crois pas à la peine capitale, ni moralement, ni légalement. J'avais peut être quelque chose à apporter, quelque chose… » Il perdit son assurance ; la timidité troubla sa voix qui devint presque inaudible. « Ça n'aurait pas de sens de m'excuser pour ce que j'ai fait. Ce serait même déplacé. Mais je le fais. Je m'excuse. »

Manches, corde, bandeau ; mais, avant que le bandeau ne soit ajusté, le prisonnier cracha son chewing-gum dans la paume de la main tendue de l'aumônier. Dewey ferma les yeux, il les tint fermés jusqu'à ce qu'il entende le bruit sourd qui annonce un cou brisé par une corde. Comme la plupart des officiers de police américains Dewey est certain que la peine capitale exerce un effet préventif sur les crimes violents, et il avait le sentiment que si jamais ce châtiment avait été mérité, c'était bien dans le cas présent. L'exécution précédente ne l'avait pas troublé, il n'avait jamais pensé grand bien de Hickock qui lui semblait « un petit escroc sans envergure qui était allé trop loin, un type vide et sans valeur ». Mais, bien qu'il fût le vrai meurtrier, Smith provoquait une autre réaction, car il possédait une qualité que le détective ne pouvait négliger : l'aura d'un animal exilé, une créature qui se traînait avec ses blessures. Dewey se souvint de la première fois qu'il avait rencontré Perry dans la salle d'interrogatoire du quartier général de la police de Las Vegas : l'homme-enfant, le nabot assis sur la chaise métallique, ses petits pieds chaussés de bottes n'arrivant pas jusqu'au plancher. Et lorsque Dewey rouvrit les yeux à présent c'est ce qu'il vit : les mêmes pieds d'enfant, qui pendaient et se balançaient.

5.

Michel FOUCAULT (1926-1984)

Surveiller et punir (1975)

(Tel nº 225)

Le projet général de Surveiller et punir *consiste à établir la généalogie rigoureuse et minutieuse de l'institution pénitentiaire à l'âge moderne. La prison, née des Lumières et de la Révolution française, puis de la réflexion juridique du XIXᵉ siècle, est aux yeux de Michel Foucault l'incarnation d'un programme de contrôle et de surveillance des individus. Technologie nouvelle, elle remplace*

le cachot du Moyen Âge et ses supplices au profit d'une administration rationnelle des corps et des consciences qu'elle prétend sou-
mettre à un ordre social, à l'instar de l'hôpital, de l'école et de la
caserne. L'auteur révèle ainsi les soubassements idéologiques
secrets des sociétés modernes, même lorsque celles-ci aspirent à un
idéal démocratique. Il met en œuvre une analyse philosophique
relayée de manière minutieuse et féconde par une documentation
historique, parfois contestée, mais non moins passionnante. Le
second chapitre de l'ouvrage, intitulé « Le corps des condamnés »,
analyse le passage d'une conception ancienne de la justice à celle
qui triomphe à partir du XIXe siècle. Abandonnant le rituel sanglant et théâtral qui prévalait sous l'Ancien Régime, la justice
opte pour un camouflage qui révèle à la fois sa honte et son désir
d'appliquer d'autres techniques aux condamnés afin de les rendre
dociles et corvéables, selon les intérêts d'un monde utilitariste.
L'exécution publique n'est plus considérée comme exemplaire,
mais inspire la crainte d'une violence sociale qu'il faut désamor-
cer. De ce point de vue, les analyses de Foucault recoupent en partie celles de Camus. Leur intérêt est d'autant plus grand que
Surveiller et punir paraît en 1975, soit six ans avant l'abolition de la peine capitale. Le livre de Michel Foucault a d'ailleurs
joué un rôle important dans la mise en question des finalités de
l'institution carcérale. De nombreux juristes, dont Robert Badinter, ont puisé une partie de leur réflexion et des arguments de leur
combat dans la lecture de Surveiller et punir.

L'exécution publique est perçue maintenant comme un
foyer où la violence se rallume.
La punition tendra donc à devenir la part la plus cachée
du processus pénal. Ce qui entraîne plusieurs conséquences : elle quitte le domaine de la perception quasi
quotidienne, pour entrer dans celui de la conscience abstraite ; son efficacité, on la demande à sa fatalité, non à
son intensité visible ; la certitude d'être puni, c'est cela, et
non plus l'abominable théâtre, qui doit détourner du
crime ; la mécanique exemplaire de la punition change
ses rouages. De ce fait, la justice ne prend plus en charge
publiquement la part de violence qui est liée à son exer-

cice. Qu'elle tue, elle aussi, ou qu'elle frappe, ce n'est plus la glorification de sa force, c'est un élément d'elle-même qu'elle est bien obligée de tolérer, mais dont il lui est difficile de faire état. Les notations de l'infamie se redistribuent : dans le châtiment-spectacle, une horreur confuse jaillissait de l'échafaud ; elle enveloppait à la fois le bourreau et le condamné : et si elle était toujours prête à inverser en pitié ou en gloire la honte qui était infligée au supplicié, elle retournait régulièrement en infamie la violence légale de l'exécuteur. Désormais, le scandale et la lumière vont se partager autrement ; c'est la condamnation elle-même qui est censée marquer le délinquant du signe négatif et univoque : publicité donc des débats ; et de la sentence ; quant à l'exécution, elle est comme une honte supplémentaire que la justice a honte d'imposer au condamné ; elle s'en tient donc à distance, tendant toujours à la confier à d'autres, et sous le sceau du secret. Il est laid d'être punissable, mais peu glorieux de punir. De là ce double système de protection que la justice a établi entre elle et le châtiment qu'elle impose. L'exécution de la peine tend à devenir un secteur autonome, dont un mécanisme administratif décharge la justice ; celle-ci s'affranchit de ce sourd malaise par un enfouissement bureaucratique de la peine. Il est caractéristique qu'en France l'administration des prisons ait longtemps été placée sous la dépendance du ministère de l'Intérieur, et celle des bagnes sous le contrôle de la Marine ou des Colonies.

Prolongements

Sujets de dissertation

- La violence peut-elle être juste ?
- Peut-on parler d'une vérité du droit ?
- La vengeance est-elle une revendication de justice ?
- Un criminel peut-il avoir des excuses ?
- Ce qui est légal est-il toujours légitime ?

À lire

- Sur la question de la peine de mort proprement dite, on consultera avec profit quelques ouvrages de réflexion et d'histoire. Tout d'abord, aux éditions Mille et une nuits, les *Considérations sommaires sur les prisons, les bagnes et la peine de mort* publiées en 1844 par François VIDOCQ, ancien bagnard devenu chef de la Sûreté de 1811 à 1827. L'ouvrage retrace l'état de la vie carcérale et de l'usage de la peine capitale au début du XIXe siècle.
- Plusieurs ouvrages traitent de la peine de mort à travers l'histoire : *La guillotine et l'imaginaire de la Terreur*, par Daniel ARASSE, chez Flammarion ; *De l'exécution capitale à travers les civilisations et les âges*, par Gilbert CALLANDRAUD, publié aux éditions Lattès ; ou encore l'ouvrage récent et très bien documenté de Jean-Marie

CARBASSE, *La Peine de mort*, dans la collection « Que sais-je ? » aux P.U.F. L'intérêt de cette remarquable étude est d'envisager la question selon différents angles qui dépassent la simple réflexion historique. On peut également lire *La Peine de mort. De Voltaire à Badinter*, ouvrage collectif récent publié par Flammarion, sans oublier le livre essentiel de Robert BADINTER, *L'Abolition*, paru chez Fayard.

- Dans le domaine littéraire, le lecteur ne peut manquer de découvrir *Le Dernier Jour d'un condamné* de Victor HUGO (La bibliothèque Gallimard n° 46), mais aussi *Claude Gueux* (Folioplus classiques n° 15), et *Les Misérables* (Folio n°s 3223 et 3224). On lira également avec profit *Un épisode sous la Terreur* de BALZAC (*La Comédie humaine, Scènes de la vie politique*, Pléiade, tome VIII, n° 39), « Le Convive des dernières fêtes », dans les *Contes cruels* de VILLIERS DE L'ISLE-ADAM (Folio n° 1456). La littérature du XXe siècle comporte des œuvres essentielles qui traitent directement ou indirectement du problème de la peine de mort : *L'Étranger* (Folioplus classiques n° 40) et *Le Premier Homme* (Folio n° 3320) de CAMUS, « Un homme comme les autres », nouvelle de BOILEAU-NARCEJAC recueillie dans *Manigances* (Folio policier n° 216), *La Tête d'un homme*, de Georges SIMENON, aux éditions du Livre de Poche, *Le Trou*, de José GIOVANNI (Folio policier n° 327), *Le Chant du bourreau*, de Norman MAILER, chez Flammarion, et *De sang froid*, de Truman CAPOTE (Folio n° 59).
- La lecture de quelques livres traitant d'affaires célèbres ou présentant des témoignages peut apporter une dimension humaine essentielle à la compréhension du problème : *L'Exécution* de Robert BADINTER, chez Fayard, qui traite du procès et de la condamnation des criminels Buffet et Bontems ; *L'Affaire Ranucci* de K. OSSWALD, aux éditions J'ai Lu ; l'ouvrage du journaliste Gilles PERRAULT consacré à la même affaire, *Le Pull-over rouge*, publié au Livre de Poche. Citons

enfin un témoignage important : *La Dernière Marche.
Une expérience du couloir de la mort*, par sœur Helen
PRÉJEAN, chez Pocket.

- Sur les problèmes du droit, on consultera *Des délits et
des peines*, de Cesare BECCARIA (Flammarion), *La Peine
de mort, droit pénal et procédure pénale*, par Ioannis PAPA-
DOPOULOS et Jacques-Henri ROBERT (Panthéon-
Assas), *Les Erreurs judiciaires*, de Jacques VERGÈS, dans
la collection « Que sais-je ? » (P.U.F.).

- En matière de philosophie morale et juridique, le lec-
teur peut consulter le *Léviathan*, de Thomas HOBBES
(Folioplus philosophie n° 111) ; le *Traité des autorités
théologique et politique* de Baruch SPINOZA (Folio essais
n° 242) ; *L'Affaire Calas et autres affaires* de VOLTAIRE
(Folio essais n° 672) ; *Du contrat social* de Jean-Jacques
ROUSSEAU (Folio essais n° 233) ; *Idée d'une histoire
universelle au point de vue cosmopolitique*, d'Emmanuel
KANT (Bordas) ; *Principes de la philosophie du droit* de
G.W.F. HEGEL (Vrin) ; *La Violence et le Sacré* et *Le Bouc
émissaire* de René GIRARD, respectivement publiés
au Livre de Poche/Pluriel et aux éditions Grasset ;
Leçons VIII. Le Crime du caporal Lortie. Traité sur le Père et
La Fabrique de l'homme occidental, de Pierre LEGENDRE,
respectivement publiés aux éditions Fayard et aux éditions Mille et une nuits.

À voir

- Certains réalisateurs, choqués par l'inhumanité du
châtiment suprême et de la justice, ont opté pour le
film à thèse ou la réflexion morale : *Nous sommes tous
des assassins* (1952) d'André CAYATTE ; *Un condamné à
mort s'est échappé* (1956) de Robert BRESSON ; *L'Invrai-
semblable vérité* (1956) de Fritz LANG ; *Je veux vivre*
(1958) de Robert WISE ; *Le Procès* (1962) d'Orson
WELLES ; *Deux hommes dans la ville* (1973) de José GIO-

VANNI ; *Tu ne tueras point* (1987) de Krzysztof KIESLOWSKI ; *Mon père* (2000) de José GIOVANNI. Le cas de ce dernier est sans doute le plus passionnant, dans la mesure où cet ancien condamné à mort, gracié et repenti, est devenu écrivain et cinéaste. Dans *Mon père*, réalisé en 2000, après l'abolition, il revient sur sa propre histoire, à travers le rôle joué par son père en faveur de sa grâce. Film d'une profonde humanité, *Mon père* donne à voir le terrible sort des condamnés en attente dont parle Albert Camus. Mentionnons enfin *La Mort en direct* (1980), dans lequel Bertrand TAVERNIER s'interroge sur la fascination des hommes ordinaires pour la mise à mort.

- Le cinéma fantastique a également été inspiré par la peine de mort. Citons l'œuvre la plus remarquable dans ce domaine risqué : *Le mort qui marche* (1936) de Michael CURTIZ, dont le héros, interprété par le célèbre Boris Karloff, n'est autre qu'un homme exécuté sur la chaise électrique qui revient à la vie lorsque est apportée la preuve de son innocence.

- Dans le domaine du documentaire, un film particulièrement remarquable s'impose : *14 jours à vivre*, de P. HAMANN. Diffusé sur FR3 en 1988, ce reportage bouleversant de deux heures nous fait vivre les quatorze derniers jours d'Edward Earl Johnson, prisonnier américain interné pendant huit ans après sa condamnation à mort. Johnson a été exécuté quinze minutes après la fin du film. Son innocence a depuis été prouvée de manière irréfutable.

Lycée

Série Classiques

Composition Interligne
Impression Novoprint
à Barcelone, le 23 mai 2015
Dépôt légal : mai 2015
1ᵉʳ dépôt légal : juin 2008
ISBN 978-2-07-035733-8/Imprimé en Espagne.

290232